中华文化风采录

绝美自然风景

刘晓丽 ◎ 编著

滚滚的黄河

北方妇女儿童出版社

·长春·

图书在版编目（CIP）数据

　　滚滚的黄河 / 刘晓丽编著. —长春 : 北方妇女
儿童出版社，2017.1（2022.8重印）
　　（绝美自然风景）
　　ISBN 978-7-5585-0828-8

　　Ⅰ．①滚… Ⅱ．①刘… Ⅲ．①黄河—介绍 Ⅳ.
①K928.42

　　中国版本图书馆CIP数据核字(2017)第007831号

滚滚的黄河
GUNGUN DE HUANGHE

出 版 人	师晓晖
责任编辑	吴 桐
开　　本	700mm×1000mm　1/16
印　　张	6
字　　数	85千字
版　　次	2017年1月第1版
印　　次	2022年8月第3次印刷
印　　刷	永清县晔盛亚胶印有限公司
出　　版	北方妇女儿童出版社
发　　行	北方妇女儿童出版社
地　　址	长春市福祉大路5788号
电　　话	总编办：0431-81629600
定　　价	36.00元

习近平总书记说："提高国家文化软实力，要努力展示中华文化独特魅力。在5000多年文明发展进程中，中华民族创造了博大精深的灿烂文化，要使中华民族最基本的文化基因与当代文化相适应、与现代社会相协调，以人们喜闻乐见、具有广泛参与性的方式推广开来，把跨越时空、超越国度、富有永恒魅力、具有当代价值的文化精神弘扬起来，把继承传统优秀文化又弘扬时代精神、立足本国又面向世界的当代中国文化创新成果传播出去。"

为此，党和政府十分重视优秀的先进的文化建设，特别是随着经济的腾飞，提出了中华文化伟大复兴的号召。当然，要实现中华文化伟大复兴，首先要站在传统文化前沿，薪火相传，一脉相承，弘扬和发展5000多年来优秀的、光明的、先进的、科学的、文明的和自豪的文化，融合古今中外一切文化精华，构建具有中国特色的现代民族文化，向世界和未来展示中华民族具有独特魅力的文化风采。

中华文化就是中华民族及其祖先所创造的、为中华民族世世代代所继承发展的、具有鲜明民族特色而内涵博大精深的优良传统文化，历史十分悠久，流传非常广泛，在世界上拥有巨大的影响力，是世界上唯一绵延不绝而从没中断的古老文化，并始终充满了生机与活力。

浩浩历史长河，熊熊文明薪火，中华文化源远流长，滚滚黄河、滔滔长江是最直接的源头，这两大文化浪涛经过千百年冲刷洗礼和不断交流、融合以及沉淀，最终形成了求同存异、兼收并蓄的辉煌灿烂的中华文明。

中华文化曾是东方文化的摇篮，也是推动整个世界始终发展的动力。早在500年前，中华文化催生了欧洲文艺复兴运动和地理大发现。在200年前，中华文化推动了欧洲启蒙运动和现代思想。中国四大发明先后传到西方，对于促进西方工业社会形成和发展曾起到了重要作用。中国文化最具博大性和包容性，所以世界各国都已经掀起中国文化热。

中华文化的力量，已经深深熔铸到我们的生命力、创造力和凝聚力中，是我们民族的基因。中华民族的精神，也已深深根植于绵延数千年的优秀文化传统之中，是我们的精神家园。但是，当我们为中华文化而自豪时，也要正视其在近代衰微的历史。相对于5000年的灿烂文化来说，这仅仅是短暂的低潮，是喷薄前的力量积聚。

中国文化博大精深，是中华各族人民5000多年来创造、传承下来的物质文明和精神文明的总和，其内容包罗万象，浩若星汉，具有很强的文化纵深感，蕴含丰富的宝藏。传承和弘扬优秀民族文化传统，保护民族文化遗产，已经受到社会各界重视。这不但对中华民族复兴大业具有深远意义，而且对人类文化多样性保护也有重要贡献。

特别是我国经过伟大的改革开放，已经开始崛起与复兴。但文化是立国之根，大国崛起最终体现在文化的繁荣发展上。特别是当今我国走大国和平崛起之路的过程，必然也是我国文化实现伟大复兴的过程。随着中国文化的软实力增强，能够有力加快我们融入世界的步伐，推动我们为人类进步做出更大贡献。

为此，在有关部门和专家指导下，我们搜集、整理了大量古今资料和最新研究成果，特别编撰了本套图书。主要包括传统建筑艺术、千秋圣殿奇观、历来古景风采、古老历史遗产、昔日瑰宝工艺、绝美自然风景、丰富民俗文化、美好生活品质、国粹书画魅力、浩瀚经典宝库等，充分显示了中华民族厚重的文化底蕴和强大的民族凝聚力，具有极强的系统性、广博性和规模性。

本套图书全景展现，包罗万象；故事讲述，语言通俗；图文并茂，形象直观；古风古雅，格调温馨，具有很强的可读性、欣赏性和知识性，能够让广大读者全面触摸和感受中国文化的内涵与魅力，增强民族自尊心和文化自豪感，并能很好地继承和弘扬中国文化，创造未来中国特色的先进民族文化，引领中华民族走向伟大复兴，在未来世界的舞台上，在中华复兴的绚丽之梦里，展现出龙飞凤舞的独特魅力。

大美之河——壮丽山川

历史新篇——再创辉煌

壮丽山川

黄河被称为中华民族的母亲河，全长5400多千米，流域面积约79万平方千米，是我国第二大长河。黄河发源于青藏高原的巴颜喀拉山脉北麓的卡日曲，流经青海、四川、甘肃、宁夏、内蒙古、山西、陕西、河南及山东等地，最后流入渤海。

黄河流域西到巴颜喀拉山，北抵阴山，南至秦岭，东注渤海。流域内地势西高东低，高差悬殊，形成自西而东、由高及低三级阶梯。

黄河从青藏高原开始，泛黄之水一路蜿蜒，东流入海，谱写了一曲曲黄河儿女的壮丽诗篇。

太白金星指点黄龙造黄河

传说很久以前，在千里岷山以北是一片大草原。这里地势平坦，生长着许多动植物，丰茂的水草把这里装点得如同天堂一般美丽。

但是，在岷山以外，却没有一条能够汇聚百川的大河，沧海横

岷山风光

■ 巴颜喀拉山

流，大水泛滥。人们因此失去了家园，流离失所，生活苦不堪言。

在岷山以北的大草原上，生活着一条很大的黄色巨龙，他经常在天上飞腾。当他看见岷山以外人们生活得如此痛苦时，就想为人间开凿一条大河，让洪水不再泛滥。

黄龙把他的想法告诉了太白金星，太白金星表示十分赞同。

黄龙说："我虽有此想法，却不知向哪个方向开凿河道，更不知河水该流向哪里啊！"

太白金星说："切勿忧虑，我来帮你解决吧！你尽管安心开凿河道吧！我在天上提一盏灯来给你指引方向，灯指向哪里，你就向哪个方向开凿河道，水就会流向哪里呢！最终水会流到东海的。海特别大，再多的水都装得下啊！"

太白金星 道教神话人物，名李长庚，是天上的金星或曰启明星。在我国本土宗教道教中，太白金星是核心成员之一。最初道教的太白金星神是位身穿黄裙，演奏琵琶的女神，后来变化为一位童颜鹤发的老神仙，经常奉玉皇大帝之命监察人间善恶，被称为西方巡使。

　　太白金星最先把灯升起在了青藏高原巴颜喀拉山北麓约古宗列盆地的上空。巴颜喀拉山旧称巴颜喀喇山，蒙古语意为"富饶的青色的山"。巴颜喀拉山藏语叫"职权玛尼木占木松"，是祖山之意。

　　巴颜喀拉山地势高耸，群山起伏，雄岭连绵，景象恢宏，它是庞大昆仑山脉南支的一部分，走向由西北向东南，向西为可可西里山脉，向东与岷山、邛崃山相望。

　　约古宗列是一个很大的椭圆形盆地，周围山岭环绕。盆地内有许多水泊，水泊四周，是绿草如茵的天然牧场。

　　在盆地的西南面，那时有一股从地底冒出的水流。水不停地喷涌而出，汹涌翻滚着，汇合成了盆地内浸渗出来的无数水流。这些水流交错纵横，到处流淌，是造成当时人间洪水泛滥的源头。

　　黄龙在天上仔细察看地形后，降落在一个叫卡日曲的地方。这里位于青海腹地，在腹地上有昆仑山、巴颜喀拉山和布尔汉布等大山。这些大山，高峻的山顶，终年积雪，秀美如画。

　　黄龙就决定把这里当作源头，一切从这里开始干起。他最先用身子在地上打滚，希望把那些大山荡平，以开凿出一条河流。但是，大山山石太坚硬了，把他身上划出了许多血痕。黄龙非常恼怒，便以头拱山，想把大山拱开。

黄龙鼓足劲儿地拱，终于把一座山拱开了，瞬间形成一个盆地。一时间，高山雪水奔涌而下，形成了花海子，当地人称它为星宿海。

接着，黄龙顺势一滚，形成了一条很宽的河道，无数水流开始大量汇聚，在卡日曲汇口以下形成了一条干流。后来，人们认为这条干流是黄龙开凿的，为了纪念黄龙的功绩，就把它叫作黄河沿。藏族人称它为玛曲，在藏语中，玛曲就是黄河之意。

从玛曲流出的水流进入扎陵湖后，从湖的南部流出，沿河道一直东行流入鄂陵湖，出鄂陵湖后再转东向南流到黄河沿，人们便把黄河沿以下的干流称为黄河。

后来，玛曲这个地方，经常发生洪水或旱情，这给当地人们的生活带来了极大的困苦。每当洪涝灾害出现之时，当地的藏族人民就会聚拢在玛曲，祭拜河神，以祈求平安。

■ 星宿海

■ 黄河峡谷风光

滚滚的黄河

黄龙按照太白金星神灯的指引，日夜兼程。黄龙每拱一下，就形成一处山川或河流，他不知疲倦、如迅雷闪电般在草原上奔跑着、忙碌着。

有一天，黄龙从贵德来到民和境内，又从民和下川口进入甘肃。黄龙望着清澈见底的水流，不觉放慢了脚步。也正因为如此，这里没有形成大的山峦起伏，气候也格外温和湿润，这就是后来人们所称的"高原小江南"。

黄龙在这里停歇了，他没有剧烈地运动和翻滚。因此，这里水多沙少，成为黄河的清水来源。由于河水始终是清澈的、宁静的，这里便有了后来"天下黄河贵德清"的说法。

黄龙在贵德这里休息了一会，不知不觉打了一个盹，也许是他太累了，居然在这里睡着了。

他梦见自己开凿的河道奔涌如潮，一路汹涌向东，他不觉兴奋起来。在睡梦中，他翻了翻身，便荡平了一些小丘陵，于是就在这里形成了宁夏平原和河套平原。宁夏平原和河套平原处在黄河上游河谷地带，水草丰美，后来有"塞上江南"的美称。

黄龙一觉醒来，疲倦顿消，他又开始奔跑起来。就在黄龙奔跑之时，一个天神忽然挡住了黄龙的道路。黄龙为了避免和天神发生正面冲突，他急忙转弯，向东钻入了深山中。

这里高耸着阿尼玛卿山、西倾山和青海南山等大山，黄龙用尽全身力气，还是没能把巨山拱开，他只有沿着山势前行。他东拱一下，西拱一下，于是龙羊峡、积石峡、八盘峡、青铜峡等便应运而生了。瞬间，20多个峡谷在悬崖峭壁间便形成了。这就是为什么黄河河道在这一段呈"S"形弯曲的原因啊！

黄龙走出青铜峡后，终于摆脱了几座大山的束缚，他一路奔腾，势不可当。他沿着鄂尔多斯高原的西北边界向东北方向滚动，然后向东前行，直抵河口。因为没有大山阻拦，黄河两岸便形成了大片的冲积平原，这就是后来著名的银川平原与河套平原。

天神 泛指天上诸神，包括主宰宇宙之神及主司日月、星辰、风雨、生命等诸神。后来，天神也泛指神仙。在佛教中，天神是指天众，也就是神的护法神。佛教认为，天神的地位并非至高无上，但可比人享有更高的福祉。天神也会死。

■ 青海贵德黄河清水源

■ 黄河壶口瀑布

金刚力士 我国古代传说中守护四极的天神。传说女娲补天后，天地为了不让四极折断，就派了四名金刚力士守卫，世称"四大金刚"。各个凶神恶煞，各个力大无穷，一切妖魔鬼怪都怕它，所以才把天给保住了。

黄龙从河口来到汾渭平原，他翻滚身子的同时，突然间打了个喷嚏，唾沫飞溅，瞬间便形成了汾河、洛河、泾河、渭河、伊洛河和沁河等众多河流。这些河流同时卷起黄龙身上的泥沙奔涌而下，汇聚一起，形成了宽阔的河谷，这就是黄河中游开始出现大量泥沙的缘故。

黄龙看见大量泥沙，他有些心急，便加速前行。他从禹门口出来，一路健步如飞，东拱西拱，形成的河道也左右摆动，很不顺直。

又因为他受到山岭的阻挡，黄龙势头大减，拱成的河谷也骤然缩窄了，形成一道宽1000余米的天然卡口。卡口也因山势而变得越来越窄，最后形成了仅容一车一马而过的羊肠小道，这便是后来的潼关。

潼关位于渭南的港口镇，地处关中平原东部，雄踞要冲之地，是我国古代著名关隘之一。潼关的形势非常险要，渭、洛二川在此相会，抱关而下。潼关周围山连山，峰连峰，谷深崖绝，山高路狭。

黄龙正在前行之际，皋兰山却又横在他的面前。黄龙把皋兰山打量了一番，便凭着自己的气力和本领，呼啸着向皋兰山撞去，"咚咚咚"连撞三次，皋兰山却纹丝没动。

突然，皋兰山中传来一阵奸笑，天庭的金刚力士和一群天神出现在他面前。黄龙这才知道，原来一切都是天神布下的疑阵。他便和金刚力士斗了几个回合，但他不敢恋战，转身向北，拱进了贺兰山。

黄龙沿着贺兰山，翻崖穿谷，匆匆而行，他每拱一处便形成一处峡谷。为了躲避天神阻拦，他拐了一个弯又一个弯，日夜兼程，越跑越快。就这样，形成了著名的"九曲十八弯"。

此时，黄龙来到小浪底上空，中条山和崤山横在面前。黄龙加大力气，从两座大山间蜿蜒穿过，在崇山峻岭间，他冲开了一个狭长的晋陕大峡谷。

晋陕大峡谷是黄河干流上的最后一段峡谷，峡谷在托克托县河口

九曲十八弯

■ 黄河晋陕大峡谷

形成了黄河"几"字形弯的右半边。滔滔河水在这里奔流而下，景色异常壮观。

在河套地区呈东西走向的黄河，在此段急转为南北走向，由鄂尔多斯高原挟势南下，左带吕梁，右襟陕北，深切于黄土高原之中。这里谷深皆在百米以上，河床最窄处如壶口，仅30~50米，可以说真正的"黄"河是在这里成就的。

且说黄龙向北跑了数百千米，阴山又挡住了去路。他想，不能再向北了，这样会离东海越来越远。再说，他虽鼓着劲儿不分昼夜地奔跑，可气力却渐渐不支了。他为了尽快赶到东海，在阴山脚下，他又转了个弯，向东奔去。

黄龙刚走不远，太白金星就降落在他的面前。太白金星问黄龙："你气力如何呢？"

"头重尾轻，筋疲力尽啊！"黄龙答道。

"向东是一座大山，即使没有天神阻挡，你也会很费时力，不如就从这里拐弯向南。那里皆是黄土，行走和拱河都十分省力。再者，你造河时可把黄土冲卷进水里，带到东海，填平龙宫，闷死龙王，为民除害。"

黄龙一听能够为民除害，于是就来劲了。他就按照太白金星的指点，在阴山东头拐弯向南。他披星戴月，餐风饮露，用尽平生力气，卷走黄土，要一举填平东海。黄龙闯过龙门天险便调头向东了。

东边是中原大地，一马平川，没有山峦峰谷。金刚力士暗自惊慌，因为黄龙一到平原，临近东海，就再没有拦阻捉拿黄龙的时机了。于是，金刚力士便布下三门大阵，请来数百名天兵天将，要和黄龙决一死战。

黄龙被里三层外三层的天兵天将团团包围着。黄龙知道，这是决定胜负的最后拼杀。尽管他一路劳累，他还是振作精神，力战群敌。怎奈黄龙寡不敌众，身上多处受伤。众天兵天将里外呼应，慢慢地缩小了包围圈，就要把黄龙擒住了。黄龙在重围中岌岌可危。

人们听说黄龙要去找东海龙王为民除害，并历尽千难万险想造一条大河，消除泛滥洪水，为民造福，都十分同情和支持黄龙。人们成

■ 鹳雀楼上鸟瞰图

群结队地去请求力大无比的治水英雄大禹设法救助黄龙。

大禹听后，就带着开山斧和避水剑，给黄龙打开了一条向东的出路。黄龙悲喜交集，情不自禁地鼓足干劲，他不顾浑身的伤痛，跳出重围。当黄龙历尽艰辛来到海边时，他已经奄奄一息了。

黄龙无力再去和东海龙王拼搏了，他知道自己活不长久了，他想把自己开凿的大小河道连起来，形成一条大河。于是，他在地上打了一个滚，形成了一条巨大的主河道，瞬间，那些大小河流都被这条主河道连接起来了，纷纷流进了主河道。黄龙用尽了最后一点气力，施展法术，将自己的身体无限地伸长、伸长……

黄龙的头伏在东海边，身子沿着他来东海走过的路向后延伸着，弯弯曲曲，绵绵延延，高高低低，从头看不到尾。

此时，只听黄龙惊天动地一声大吼，身躯瞬间化为大河，滔滔河水，奔腾不息，直泻东海。从此后，人们就把这条河叫作"黄河"。

玉皇大帝把金刚力士和没拦住黄龙的天神打下凡间，让他们长年累月住在原来布阵设防的地方。天神们眼睁睁地看着黄河之水向东流淌着，这样，就流传下了"黄河九曲十八弯，弯弯有神仙"的说法。

阅读链接

黄河源一般认为位于青海的腹地。河源一为扎曲，二为约古宗列曲，三为卡日曲。扎曲一年之中大部分时间干涸，而卡日曲最长，是以五个泉眼开始的，流域面积也最大，在旱季也不干涸，卡日曲最长支流那扎陇查河是黄河的正源。

在青海玛曲上游的约古宗列曲，矗立着数十个"黄河源"石碑。一直以来，很多人都认为这就是黄河的源头。后来经过考察，最终确定了黄河的真正源头，是位于青海省卡日曲上游的那扎陇查河。从这里算起，中华民族的母亲河黄河总长度为5778千米。

地质大运动造就万里黄河

　　黄龙造黄河仅仅是个美丽的传说，而黄河真正形成是源于一次地质大运动。距今6000万年至240万年的漫长岁月中，黄河流域地区曾经发生过一次剧烈的地质大运动。

　　在这次剧烈的地质大运动中，地壳遭到严重的破坏，被切割成若

黄河地质结构

滚滚的黄河

■ 沙漠中的黄河

长工 旧时靠给地主、富农长年干活为生的贫穷雇农。也称"长年"，北方俗语称为"觅汉"或"伙计"。指旧时整年受地主或富农雇用的贫苦农民。除农副业劳动外，还兼做杂务。工资以年计，供食宿。也泛指雇用期较长而且相对固定的各种工人。

干大小不等的块体。这些块体有的抬升，有的下沉，形成了各种各样的地形地貌。

地壳抬升的地块便形成了山脉，这些山脉随着时间的流逝，有些被风化剥蚀，逐渐夷平成为高原。地壳下沉的地块则贮水成湖，如华北、汾渭、河套、银川等沉降盆地，并进而逐渐形成了河流、湖泊或峡谷。

距今150万年至120万年的时期，原始的古黄河还是一条内陆河。它就像一个巨大的串珠，由峡谷河道串联起众多的湖泊，在最东端为浩瀚的三门湖。

在随后的数十万年里，这一地区发生了两次规模较大的冰川活动，气候寒冷、干旱，大湖逐步萎缩、分割，全区出现若干大型湖盆，以及不计其数的小型湖泊与湿地。这些古湖盆成为当地的地表水汇集区，并发育成各自独立的内陆湖水系。古黄河就是在这些独立的内陆湖盆水系的基础上，逐步演变而成的。

又经过若干年，大小河流与湖泊经过不断变化，逐渐形成了一条贯穿东西的大河流。这条大河流在我国古代有多种叫法，如"河""河水""九河""大河"等。

传说那是很久很久以前，在大河边住着一个员外，员外家有一个青年长工叫黄河。黄河是卖身葬父来到员外家干活的，他勤勤恳恳，忠厚老实，在员外家干了好多年，长成了一个英俊的小伙子。

转眼间又快过年了，黄河说要回家看望他的老母亲，就去向员外辞别，员外答应了他。黄河带着行囊匆匆地赶回家，看到了他多年未见的白发苍苍的老母亲，母子悲喜交加，抱头痛哭。

黄河回家过年，还见到了他儿时的小伙伴邻居姑娘黄荷。黄荷姑娘也已长大成人了，出落得如花似玉。昔日的小伙伴可谓是青梅竹马，再次相见便产生

员外 又称员外郎，古代官职之一，原指设于正额以外的郎官。隋代于尚书省24司各置员外郎一人，为各司之次官。该官职一般为闲职，明代常有商贾士绅捐钱获得此官职。至此，员外成为富有地主的另一种称呼。

■ 黄河风光

元宵节 也称为上元节、小正月、元夕、小年或灯节，就是农历正月十五。元宵节是春节之后的第一个重要节日，是农历新年的第一个月圆之夜，象征春天的到来，人们吃元宵、赏花灯、猜灯谜，以示祝贺。正月是农历的元月，古人称夜为"宵"，所以称正月十五为元宵节。

■ 九曲黄河十八弯

了深深的眷念之情，两人是难舍难分。

两家父母看见孩子双双有意，于是就成全了两个孩子，让他们结为了夫妻，在元宵节时为两个孩子简简单单地筹办了婚事，两家皆大欢喜，小夫妻俩更是喜不自禁，恩爱有加。

办完婚事后，黄河恋恋不舍地辞别了母亲和新婚妻子，又到员外家帮工了。当员外得知黄河娶了一个貌美如花的妻子时，就心生歹意，假意说为了让夫妻团圆，让黄河把新婚妻子带来做员外老婆的丫头。

黄河自是很高兴，就回家把妻子带来了，员外一看更想把黄河妻子占为己有，就想法谋害黄河。员外让黄河跟另外一个长工一起到大河里去打鱼，并指使这个长工把黄河推入大河淹死，并说要给这个长工100两银子，事成后让他远走高飞。

这个长工果然把黄河推入河中淹死了，他回去向

■ 黄河壶口瀑布

员外索要银子。这个长工又想何不把黄荷带着一起远走呢！这样他就有了妻子和银子，于是就去纠缠黄荷。

黄荷非常悲伤，她知道员外不怀好意，就表面答应了这个长工的要求，但要这个长工说出实情。这个长工把一切情况告诉了黄荷，黄荷听后更加悲伤。黄荷没有屈服员外的压力，也没有跟那个长工一起走，她来到了大河边，对着黄河落水的地方放声痛哭。

黄荷的泪水很多很多，就把河边的沙子冲起来了，河里面的水也从此发黄了；黄荷的泪水冲到大河里，大河也开始泛滥了；黄荷的哭声很悲很悲，哭声传到大河上，从此大河上面就充满了呜呜的声音。

黄荷从大河这边哭到大河那边，又从这座山哭到那座山，她的哭声惊动了山神，山神们都出来劝她。因此，后来人们说，"黄河十八弯，弯弯有神仙"。

后来，黄荷的泪水哭干了，她就变成了一座神女

丫头 长辈对小辈女性的亲昵称呼。另一种说法是，古代把婢女称为"丫头"，这是因为她们的发型是在头顶有分叉"丫形"的发髻，所以又叫作丫鬟。古代女孩子在出嫁之前，头上都要梳着两个"髻"，左右分开，对称而立，像个"丫"字，所以称为"丫头"。

峰，一直凝视着大河。黄河夫妻的故事令人们非常感动，大家为了纪念他们，就把这条大河叫"黄河"。

这条大河由于黄荷泪水的冲刷，越冲越大，天长日久，把黄河一直冲到了东海边上了。由于河里面有黄荷的泪水，所以海水也从此变咸了，黄河也变成了一条很长很长的大河了。

黄河的含沙量很大，其实这是因为其流经黄土高原。黄土高原地表破碎、土质疏松、降水集中、暴雨多、植被少，区域地理环境因素对河流的影响很大。

黄河上游的自然生态环境恶化后，植被减少，水土流失严重，沙石被冲入黄河，引起大面积河水泛滥。经过世世代代的治理和改道，黄河泛滥逐渐减少，成为一条为人类造福的河流。

黄河流域内悠久的文明，古老的文化，壮丽的河山，奇异的自然和人文景观，共同构成了万里黄河所独有的丰富资源。黄河奔腾豪放，孕育了勤劳伟大的中华儿女，也孕育了光辉灿烂的中华文明。

阅读链接

关于黄河里的水为什么是黄色而浑浊的，还有一个凄婉的传说。

从前有个打鱼的老人，他有个女儿叫黄荷。一天，老人在河中救起一个小男孩，取名黄河。黄河长大后，老人便把黄荷嫁给了黄河。

一个财主借老人得病之机，设计陷害了黄河，老人不久去世，家中只剩下孤零零的黄荷。

财主见时机已到，便迫使黄荷嫁给他。黄荷的条件是，让财主向黄河取沙的那条河叫三声"爷爷"。当财主面对黄河叫"爷爷"的时候，她将财主推入河中，自己也跳进河里。

河水马上掀起大浪，浑浊汹涌，黄沙滚滚。从此，黄河的水再也没有清过。

源于青藏高原的上游景观

从高空俯瞰，黄河就像一个巨大的"几"字，蜿蜒曲折，滚滚东流，绵延5000多千米，流经地域广泛。黄河在我国北方蜿蜒流动，其干流贯穿我国青海、四川、甘肃、宁夏、内蒙古、陕西、山西、河

■ 黄河边堡墙

南、山东等地区，最后在山东省莱州湾流入渤海。

黄河发源于青藏高原巴颜喀拉山北麓海拔4500米的约古宗列盆地，一直到内蒙古托克托县河口镇以上的黄河河段，称为上游段。

黄河上游全长3472千米，流域面积38.6万平方千米，流域面积占全黄河总量的51.3%。上游河段总落差约3500米，平均比降为1‰。在此河段汇入的较大支流有43条，其径流量占全河的54%。

上游河段水多沙少，受阿尼玛卿山、西倾山和青海南山的控制，故呈"S"形弯曲。是黄河的清水来源。黄河上游根据河道特性的不同，又可分为河源段、峡谷段和冲积平原三部分。

从青海卡日曲至青海贵德龙羊峡以上部分为河源段。河源段从卡日曲始，经星宿海、扎陵湖、鄂陵湖到玛多，绕过阿尼玛卿山和西倾山，穿过龙羊峡到达

青藏高原 我国最大、世界海拔最高的高原，分布在我国境内包括西藏自治区、四川西部以及云南部分地区，西北青海的全部、新疆维吾尔自治区南部以及甘肃部分地区。境内面积257万平方千米，平均海拔4000~5000米，有"世界屋脊"和"第三极"之称，是亚洲许多大河的发源地。

■ 黄河上游风光

青海贵德。这一段多系山岭及草地高原，属青藏高原，海拔均在3000米以上，山峰超过4000米，源头河谷地海拔4200米，山顶终年积雪，秀美如画。

这段河流曲折迂回，两岸多为湖泊、沼泽、草滩，水质较清，水流稳定，产水量大。河段内有扎陵湖、鄂陵湖，两湖海拔高程都在4260米以上，蓄水量分别为47亿立方米和108亿立方米。

扎陵湖和鄂陵湖，位于黄河源头的玛多县境内，距玛多县城约40千米，是黄河源头两个最大的高原淡水湖泊，素有"黄河源头姊妹湖"之称。

黄河从巴颜喀拉山北麓的卡日曲和约古宗列曲发源后，经星宿海和玛曲河即孔雀河，首先注入扎陵湖。扎陵湖东西长，南北窄，酷似一只美丽的大贝壳，镶嵌在黄河上。

扎陵湖的面积达526平方千米，平均水深约9米，湖水色碧澄发亮，湖心偏南是黄河的主流线，看上去，仿佛是一条宽宽的乳黄色的带子，将湖面分成两半，其中一半清澈碧绿，另一半微微发白，所以叫"白色的长湖"。

在扎陵湖的西南角，距黄河入湖处不远，有3个约2平方千米面积不等的小岛，岛上栖息着大量水鸟，所以又称"鸟岛"。这里的鸟大都是候鸟，每年春天，数以万计的大雁、鱼鸥等鸟类从印度半岛飞到这里繁衍生息，给这里增添了无限生机。

黄河在扎陵湖经过一番回旋之后，在巴颜郎玛山南面，进入一条300多米宽的很长的河谷，河水在这里分成九股道，散乱地穿过峡谷，流入鄂陵湖。

鄂陵湖位于扎陵湖之东，其形状与扎陵湖恰好相反，东西窄，南北长，犹如一个很大的宝葫芦。湖的面积为628平方千米，比扎陵湖大100平方千米，平均水深17.6米，最深可达30多米。鄂陵湖水色极为清澈，呈深绿色，天晴日丽时，天上的云彩，周围的山岭，倒映在水

中，清晰可见，因此叫"蓝色的长湖"。

十分有趣的是，扎陵湖有供鸟类栖息的岛屿，而鄂陵湖有一个专供鸟儿们会餐的天然场所，人称"小西湖"，又称"鱼餐厅"。

每年春天，黄河源头冰消雪融，河水上涨，鄂陵湖的水漫过一道堤岸流入小西湖，湖中的鱼儿也跟着游进来。待到冰雪化尽，水源枯竭时，湖水断流，并开始大量蒸发，潮水迅速下降，鱼儿开始死亡，而且被风浪推到岸边的沙滩上。

鸟儿们吃鱼不需要花费力气去捕，只要到小西湖随便入座，就可以美美地饱餐一顿了。鸟儿最多的时候，飞翔在上空的鸟群遮天蔽日，"嘎嘎"的鸣叫声，几千米以外都能听到。

鄂陵湖烟波浩渺，波澜壮阔。上午，湖面风平浪静，纤萝不动；下午常常天气剧变，大风骤起，平静的湖面波涛汹涌，浪花拍岸。有

■ 蓝色湖泊

■ 鄂陵湖美景

玛多 藏语意为"黄河源头"，历史上是由内地进入西藏的一个驿站，也是一个古渡口。玛多号称千湖之县，共有湖泊4000多个，最著名的是被称为黄河源头的扎陵湖和鄂陵湖，扎陵湖为白色，鄂陵湖为蓝色，都透彻清亮。在两湖中间是黄河源头的标识"牛头碑"。

时，还会出现天昏地暗的景象，一会儿像连片的黑色藏帐，旌旗猎猎，一会儿又变成点点白色的风帐，由远而近，景象极为壮观。

扎陵湖和鄂陵湖海拔4300米，比我国最大的内陆湖泊青海湖高出约1000米，是名副其实的高原湖泊。这里地势高寒、潮湿，地域辽阔，牧草丰美，自然景观奇妙。

盛夏季节，碧空如洗，苍穹无垠，玻璃般的天幕上，不时地飘荡着樱桃似的朵朵白云。蓝天白云之下，起伏连绵的青山和熠熠闪亮的碧波，交相掩映，分外妖娆。

数以万计的天鹅、大雁、野鸭、鱼鸥等在平如明镜的湖面上嬉戏飞翔，数不清的牛羊像点点珍珠在翡翠般的湖畔滚动，令人心醉。

然而，到了贵德自孟津段却是黄土遍布的高原地区，即黄土高原。黄土高原东为吕梁西坡，南为渭河谷地，北与鄂尔多斯高原相接，西至兰州谷地。河流中段流经黄土高原地区，夹带了大量泥沙，当地有句俗语："九曲黄河十八弯，一碗河水半碗沙。"

青海玛多至甘肃玛曲区间，黄河流经巴颜喀拉山与阿尼玛卿山之间的古盆地和低山丘陵，大部分河段河谷宽阔，间或有几段峡谷。

甘肃玛曲至青海贵德龙羊峡区间，黄河流经高山峡谷，水流湍急，水力资源丰富。发源于四川岷山的支流白河和黑河在该段内汇入黄河，河源段在此处收尾。

从青海龙羊峡到宁夏青铜峡部分是上游的峡谷段。该段河道流经山地丘陵，因岩石性质的不同，形成峡谷和宽谷相间的形势：在坚硬的片麻岩、花岗岩及南山系变质岩地段形成峡谷，在疏松的砂页岩、红色岩系地段形成宽谷。峡谷段有龙羊峡、积石峡、刘家峡、八盘峡和青铜峡等20个峡谷，峡谷两岸均为悬崖峭壁，河床狭窄，河道比降大，水流湍急。

在贵德至兰州间，是黄河3个支流集中区段之一，有湟水、洮河等重要支流汇入，这就使黄河的水量大大增加。龙羊峡至宁夏下河沿的

■高原湖泊鄂陵湖

滚滚的黄河

■ 黄河支流

干流河段是黄河水力资源的"富矿"区。

湟水又名西宁河，是黄河上游重要支流，位于青海东部，发源于青海的包呼图山，全长374千米，流域面积约32863平方千米。

湟水流域孕育出了灿烂的马家窑文化、齐家文化、卡约文化，养育了青海地区约60%的人口，被称为"青海的母亲河"。

湟水东南流经西宁，到甘肃兰州西面的达家川入黄河。由于流域有不同的岩性与构造区，因而发育成峡谷和盆地形态。

流域峡谷有巴燕峡、扎马隆峡、小峡和老鸦峡等。峡谷一般长5至6千米，其中老鸦峡最长，达17千米，两壁陡峭，谷窄而深。盆地有西宁盆地、大通盆地、乐都盆地和民和盆地，其中以西宁盆地为最大。

湟水穿流于峡谷与盆地间，形成串珠状河谷。湟

■ 青海贵德黄河

水下游河谷宽阔，富水力资源，灌溉便利，滋润着河谷大地，孕育和发展了湟水流域的农业文明。

湟水流域位于青藏高原与黄土高原的交接地带，处在祁连山褶皱带内。由于地质构造的制约和水系发育的综合结果，形成"三山两谷"独特的地理景观。

流域北界为祁连山，南界为拉脊山，中部的大坂山为支流大通河与干流湟水的分水岭。

祁连山与大坂山之间为大通河狭长条状谷地，属高寒地区，山高谷深，林草繁茂，人烟稀少，水资源丰富，当地人民以经营放牧业为主，具有青藏高原的典型特点。

大坂山与拉脊山之间为湟水干流宽谷盆地，丘陵起伏，黄土深厚，人口稠密，居民以农为主，农业历史悠久，水资源短缺，水的利用程度很高，呈现出黄土高原的显著特点。由此形成了在一个流域内，干

卡约文化 是我国西北地区的青铜时代文化，因发现于青海湟中卡约村而得名，年代约公元前900至公元前600年。主要分布在甘肃省境内黄河沿岸及其支流湟水流域。居民以从事农业为主，工具多为石器，有刀、锤、锥和镞。陶器是手制的，典型器物为双耳罐、双大耳罐、四耳罐和瓮等。

流和支流并行，而自然条件和社会经济条件迥然不同的两种地理景观区。

洮河位于甘肃南部，是黄河上游仅次于湟水的第二大支流，源出青海西倾山东麓，流经甘肃碌曲、临潭、卓尼、岷县、临洮等地，在永靖县境汇入黄河。

洮河干流河道长约673千米，流域面积约25527平方千米。洮河干流自河源由西向东流至岷县后受阻，急转弯改向北偏西流，形如一横卧的"L"字形。

过了峡谷段便是黄河的冲积平原段。冲积平原段起于宁夏青铜峡至内蒙古托克托县河口镇。黄河出青铜峡后，沿鄂尔多斯高原的西北边界向东北方向流动，然后向东直抵河口镇。

沿河所经区域大部为荒漠和荒漠草原，基本无支流注入，干流河床平缓，水流缓慢，两岸有大片冲积平原，即著名的银川平原与河套

平原。沿河平原不同程度地存在洪水和凌汛灾害。河套平原西起宁夏下河沿，东至内蒙古河口镇，长达900千米，宽30至50千米，是著名的引黄灌区，灌溉历史悠久，自古有"黄河百害，唯富一套"的说法。

黄河上游较大的支流，除了湟水和洮河外，白河和黑河也是黄河上游四川省境内的两条大支流。黄河上游含沙量较大的支流为祖厉河。

祖厉河由祖河、厉河汇集而成，祖厉河由此而得名。祖厉河源出会宁县南华家岭，因流域地层含盐碱较多，水味苦咸，故又称苦水河。河水含沙量较高。

祖厉河在会宁县城南汇合后，始称祖厉河，北偏西流，至靖远县城西注入黄河。全长22千米，流域面积1.07万平方千米。

祖厉河发源于甘肃会宁县华家岭北麓，在靖远县城西南1.5千米处汇入黄河，把口站为靖远水文站。

■ 黄河上游的平原风光

祖厉河左岸有关川河，右岸有土木岘河两大支流加入。祖厉河来水对黄河干流安宁渡断面年径流量影响不大，但来沙影响很大，泥沙量占安宁渡站的37.2%。

祖厉河流域地表破碎，沟壑纵横，黄土裸露，植被很差，水土流失严重，水少含沙量大，泥沙主要是由降雨引起，汛期平时水量很少，暴雨导致流量、沙量暴涨暴落。祖厉河历史上最大实测含沙量高达1110千克每立方米，是黄河上游含沙量较大的支流之一。

每年秋收时节，祖厉河两岸稻谷飘香，金风送爽，呈现出一派特有的田园风光，靖远八景之"祖厉秋风"就是由此而来。真可谓是：

秋到河干作意清，西风袅袅素生波。
月明沙岸老渔卧，唯听前山落水声。

相传，女娲就是在祖厉河边，用这里的泥土造人的，所以我们的皮肤和这里的泥土颜色一致。

据说，在很早以前，这里发生了一场异常残酷的战争，使方圆几百里只剩下了两户人家。一户姓祖的夫妻生育了一个儿子，家住东山的大山顶上，门前一汪碧潭，流出一道溪水，时称黑龙河。

另一家姓厉，夫妻俩生育了一个姑娘，住在南边的三条岘，门前有数眼清泉，汇聚成小河，起名南河。两家相距遥远，道路不通。随着儿女成长，两家人各自为子女的婚事发愁。

有一天，祖家父子上山打猎，两人翻山越岭，追逐野兽，不知不觉就到了红日西沉的黄昏。他们正想收拾猎物回家，不料狂风骤起，大雾迷漫，难辨方向，两人竟朝相反的方向走去。

走了多半夜，人已经困乏得不行了，突然看到山坳间闪出了一线灯光。父子俩惊喜异常，便直奔灯光而去。到家门口一打问，才知道住的是厉家。厉家夫妇热情地招待了祖家父子。当祖家老父得知厉家有一位仙女般美丽的姑娘时，便提出了联姻的要求，厉家夫妇立即满口应承，并告知了姑娘。

厉家姑娘从门缝里看到祖家儿子英武健壮，便唱起了山歌：

门前流水清粼粼，有缘交汇桃花红。
河分南东不见人，闲看浮云了此生。

听到姑娘歌声所表达出来的意愿，祖厉两家于是相约等到来年春天阳光灿烂的日子，他们便各自沿着门前的河水走，走到那桃花盛开的地方相聚。

天遂人愿，两家果然在两道清溪相汇处的桃花山下喜结良缘。于是，这两条支流就叫祖河与厉河，而向北流淌的河流叫祖厉河。

阅读链接

黄河上游的著名支流之一洮河之中多瑰宝，神奇的洮河绿石，不但可以制砚，而且还可以制造各种器皿，如酒杯、茶壶、小水缸等。

洮河是我国含沙量最大的河流之一，年平均流沙量2920万吨，常年含沙中的"异重沙"，经过千百年的击磨，有的变成了具有黏性的细沙。

在细沙冲击的河岸边缘，有大量的五彩卵石，陆离斑驳，千姿百态，构成各种图案，有的如群雁掠湖，有的似晴空飘逸的玉带，有的像仕女头发梳起的高髻。此外，还有烟云楼台、人物形象、十二生肖、文字符号等，可谓是无奇不有。

洮河的奇石，奥妙不在加工，而是在发现。拣一颗石头，初看不像，偶然倒过来看，栩栩如生的人物和图案就出现了。

洮河奇石，任其自然，不必追求细节的完整，只要形似神似，这便是洮河奇石的魅力所在。

气势恢宏的黄河中游景观

从地理上讲，内蒙古托克托县河口镇至河南郑州桃花峪间的黄河河段为黄河中游，这一河段内汇入了较大支流30条，为黄河泥沙的主要来源。

■ 晋陕大峡谷

■ 黄河壶口瀑布

黄果树瀑布 位于贵州省安顺市镇宁布依族苗族自治县，是珠江水系打邦河的支流白水河九级瀑布群中规模最大的一级瀑布，因当地一种常见的植物"黄果树"而得名。是亚洲最大的瀑布，我国第一大瀑布，也是世界最阔大壮观的瀑布之一。

河口镇至禹门口是黄河干流上最长的一段连续峡谷——晋陕峡谷，河段内支流绝大部分流经黄土丘陵沟壑区，是黄河粗泥沙的主要来源，全河多年年均输沙量16亿吨中有9亿吨来源于此区间。

该河段水力资源丰富，峡谷下段有闻名天下的河瀑奇观壶口瀑布，深槽宽仅30~50米，枯水水面落差约18米，气势宏伟壮观。

壶口瀑布是黄河中游流经秦晋大峡谷时形成的一个天然瀑布，是我国非常著名的瀑布。壶口瀑布号称"黄河奇观"，其奔腾汹涌的气势是中华民族精神的象征。

壶口瀑布西临陕西宜川，东濒山西，位于黄河晋陕峡谷的南部地段。最大瀑面约30000平方米，是我国仅次于贵州黄果树瀑布的第二大瀑布。

从古生代寒武系、奥陶系至中生代的三叠系、侏罗系，燕山运动中晚期地壳发生剧烈挤压，而这一时期，大地上还没有晋陕峡谷的踪影。

后来，在燕山运动的末期及喜山运动时期，晋陕峡谷地貌渐成雏形，晋陕之地遂有一脉河流之水畅行其间。此水初期竟然未曾花费多大的力气就冲出龙门山层次浑厚的灰岩地层，在八百里秦川之地如脱缰的马扬长而去。

而此时，黄河禹门口及其此地带河谷地貌虽无今日宽阔，山势也无今天险峻，河道之中，谷中谷现象十分壮观。

谷中谷也称槽谷，是一种非常珍贵的地质遗迹，它是瀑布形成、发展、衰落和消亡的证据。

谷中谷的北端至瀑布区，南部可达孟门山。其长约5000米，当地人俗称"十里龙槽"，此龙槽宽度不等，窄处30余米，宽处约50米。时至今日，瀑布依然向北退去，谷中谷现象也向北部延伸。

黄河自青铜峡流出后，沿贺兰山东麓经银川盆地北行，后经狼山南坡渐而向东。再顺阴山山脉经河套盆地东行，至大青山西端拐了一

■ 黄河壶口瀑布碑刻

个90度的大弯，然后顺着晋陕峡谷南下进入渭河盆地。

黄河两次90度的大转弯，将中间之地围成一个巨大的地块，就是鄂尔多斯地台，壶口瀑布就位于这一巨大的地台上。

鄂尔多斯地台的西北东三面群山环绕，为而后黄河古道的演化形成奠定了有限的空间和地域。而有关黄河在这一高原区呈"几"字形河道的形成演化，是经过古湖盆期、水系袭夺期、黄河干流的串连贯通期3个地史阶段形成的。

壶口瀑布所处的鄂尔多斯高原地层水平，黄土丰厚，谷地深切，河道宽阔。在地史时期在壶口一带能够形成险要狭长的谷中谷现象及黄烟四起的飞瀑景观，其主要原因与其特殊的构造地质条件有关。岩性条件、水流侵蚀、冰川作用、外力作用等都是形成瀑布的原因。

滚滚黄河水至此，300余米宽的洪流骤然被两岸束缚，上宽下窄，在50米的落差中翻腾倾涌，声势如同在巨大无比的壶中倾出，故名"壶口瀑布"。

以壶口瀑布为中心的风景区面积约100平方千米，集黄河峡谷、黄土高原、古塬村寨为一体，展现了黄河流域壮美的自然景观和丰富多彩的历史文化积淀。

壶口瀑布两大著名奇景"旱地行船"和"水底冒烟"，更是世间罕见。春秋季节水清之时，阳光直射，彩虹随波涛飞舞，景色奇丽。真是"秋风卷起千层浪，晚日迎来万丈红"。

平日里"湍势吼千牛"的壶口瀑布，在"冷静"中呈现出别样风情：黄河水从两岸形状各异的冰凌、层层叠叠的冰块中飞流直下，激起的水雾在阳光下映射出美丽的彩虹，瀑布下搭起美丽的冰桥，两岸溢流形成的水柱如同大小不一的冰峰倒挂悬崖，彩虹时隐时现，游移其间，七彩与晶莹映衬，可谓造化之神奇。

黄河入"壶口"处，湍流急下，激起的水雾，腾空而起，恰似从水底冒出的滚滚浓烟，十数里外皆可观望。春秋两季，流量适中，气温不高，瀑布落差在20米以上，急流飞溅，形成弥漫在空中的水雾，即是"水底冒烟"一景。

黄河壶口瀑布的另一处著名景观就是旱地行船。由于壶口瀑布的

■ 壶口瀑布著名奇景

落差较大，加之瀑布下的深槽狭长幽深，水流湍急，给水上船只的通行带来很大的困难。

过去，人们从壶口上游顺水下行船只，不得不先在壶口上边至龙王庙处停靠，将货物全部卸下船来，换用人担、畜驮的方法沿着河岸运到下游码头。同时，也是依靠人力将空船拉出水面，船下铺设圆形木杠，托着空船在河岸上滚动前进。

到了壶口下游水流较缓处，人们再将船放入水中，装上货物，继续下行，在岸上人力拖船很费力气，常常需要上百人拼命地拉纤。尽管有一些圆形木杠，铺在船下滚动，但石质河岸上仍被船底的铁钉擦划得条痕累累。

在当时的条件下，"旱地行船"是水上运输越过壶口瀑布的最佳选择，它与壶口瀑布上下比较平缓的石质河岸相适应。

后来，由于公路、铁路的迅速延伸，以及壶口附近黄河大桥的修建，过壶口的水上航运已阻断多年，"旱地行船"也只可看到昔日行船留下的痕迹。

■ 黄河壶口瀑布

壶口瀑布反复冲击所形成的水雾，升腾空中，使阳光发生折射而形成彩虹。彩虹有时呈弧形从天际插入水中，似长龙吸水，有时呈通直的彩带横在水面，像彩桥飞架，有时在浓烟腾雾中出现花团锦簇、五光十色、飘忽不定、扑朔迷离的景象。

黄河壶口瀑布

霓虹戏水是"水底冒烟"与阳光共同作用的产物。春秋两季，水底冒烟，浓雾高悬，每遇晴天，阳光斜射，往往形成彩虹；夏日雨后天晴，有时也会出现彩虹。

山飞海立是对壶口瀑布磅礴气势的形容，黄河穿千里长峡，滔滔激流直逼壶口，突然束流归槽，形成极为壮观的飞瀑。仰观水幕，滚滚黄水从天际倾泻而下，势如千山飞崩，四海倾倒，构成壶口瀑布的核心景观。

黄河在秦晋大峡谷中穿行，汹涌的波涛如千军万马，奔腾怒吼，声震河谷。当瀑布飞泻，反复冲击岩石和水面时，从而产生巨大的声响，并且在山谷中回荡，恰如万鼓齐鸣，旱天惊雷，声传数千米之外。而在壶口瀑布附近，人们更能真切地感受到"黄河在怒吼""黄河在咆哮"。

在壶口瀑布下游的一处，在右侧的黄河谷底河床中，有两块梭形巨石巍然屹立在巨流之中，这就是古代被称为"九河之蹬"的孟门山。

滚滚的黄河

■ 黄河石林

滚滚黄河水至孟门山分成两路，从巨石两侧飞泻而过，然后又合流为一。

相传，这两个小岛原为一山，阻塞河道，引起洪水四溢。大禹治水时期，把此山一劈为二，导水畅流。此二岛，远眺如舟，近观似山，俯视若门。

又传说在很久以前，有一孟家兄弟的后代被河水冲走，曾在这里获救，故将此二岛称为"孟门山"。

孟门山之上，黄河在沉积岩河床上冲刷出一条深沟，黄河就在这条嵌入石质河床中的深沟中流淌。这条深沟宽30多米，长5000米，故而称"十里龙槽"。

孟门山由大孟门岛和小孟门岛组成，大孟门岛长约300米，宽约50米，高出水面约10米。岛上有一巨型神龟雕像，龟背上立有大禹雕像。孟门迎着汹涌奔腾的泥流，昂首挺立，任水滔天，终年不没。

小孟门岛在大孟门岛上游10多米处，仅五六十米

长，这两个河心岛全由呈水平状产出的块状灰绿色砂岩组成，岩石坚硬，抗风化性能较强。

孟门"南接龙门千古气，北牵壶口一丝天"，其雄姿与龙门、壶口组成黄河三绝，而又以自己独特的风貌著称，古诗有"四时雾雨迷壶口，两岸波涛撼孟门"的佳句。

"十里龙槽"

其实，孟门原是黄河河床上的一处裂点，壶口瀑布当时就出现在这里。由于长期的地质作用，裂点上移，瀑布由孟门移动到现在的位置，瀑下深潭发展成闻名于世的 "十里龙槽"，而孟门山就是瀑布深潭上移残留下来的岩石块体。

黄河孟门不但风光迷人，有"孟门夜月"之美。关于"孟门夜月"的说法是有来历的。

传说，古代有位州官奉调入京，乘船沿黄河而下，船到孟门山下，天已黄昏，就靠岸停泊。

晚上，这位州官登上孟门山，观赏黄河小岛上的夜景。只见明月高悬，映入河中，虚虚实实，分外好看。他踏月观景，情趣盎然，便随口吟就"山随波影动，月照浪花浮"的佳句， "孟门夜月"也由此成为壶口十大景观之一。

由于四季气候和水量的差异，壶口景色也时有变换。壶口瀑布最佳观赏期分为两段，一是春季的"三月桃花汛"，二是秋季的"壶口

■ 水流湍急的黄河

滚滚的黄河

秋风"。这两个时期，水大而稳，瀑布宽度可达千米左右。

主瀑虽然难以接近，但远远望去，烟波浩渺，威武雄壮。大浪卷着水泡，奔腾咆哮，以翻江倒海之势，飞流而下。真是"水底有龙掀巨浪，岸旁无雨挂彩虹"。

到了数九寒冬，壶口瀑布又换上了一派银装玉砌的景象，在那瑰丽的冰瀑面上，涌下清凉的河水，瀑布周围的石壁上，挂满了长短粗细不一的冰滴溜，配上河中翻滚的碧浪，更显示出一幅黄河流域特有的自然风光。

禹门口至三门峡区间，黄河流经汾渭平原，河谷展宽，水流缓慢。河段两岸为渭北及晋南黄土台塬。该河段接纳了汾河、洛河、泾河、渭河、伊洛河、沁河等重要支流，是黄河下游泥沙的主要来源之一。该河段在禹门口至黄河小北干流潼关的132.5千米长的河道，冲淤变化剧烈，河道左右摆动很不稳定。该河段在潼关附近受山岭约束，河谷骤然缩窄，形成宽仅1000米的天然卡口——潼关。

黄河流域的急流险滩有很多，但最为著名的要数潼关。潼关是黄河流域最著名的关隘，也是我国古代著名关隘之一。其地处关中平原东部，雄踞秦、晋、豫三省要冲之地，地理位置十分重要。

潼关的形势非常险要，南有秦岭，东南有禁谷，谷南又有12连城；北有渭、洛二川会黄河抱关而下，西近华岳。潼关周围山连山，峰连峰，山高路狭，通一条狭窄的羊肠小道，往来仅容一车一马。

潼关位于秦、晋、豫三省交界的黄河三角地带，黄河、渭河、洛河三河交汇于此，北濒黄河，南依秦岭，西连华山，以盛产黄金而闻名于世。

潼关历史悠久，闻名遐迩。古潼关居中华十大名关的第二位，历史文化源远流长。名胜古迹星罗棋布，风陵晓渡、谯楼晚照、秦岭云屏等潼关八景，更是引人入胜。

关于风陵晓渡，这里有一个古老的神话传说。

风陵，传说是女娲氏之墓，位于潼关故城东门外

谯楼 古代城门上建造的用以高望的楼。古代筑城，必建谯楼。谯楼内每悬巨钟，昏晓撞击，使臣民闻之而生警惕之心。天下晨昏钟声，数皆一百零八，这主要是暗合一年的气候节律，此外钟声的缓急和节奏，各地又有些不同。紫禁城谯楼每次在击钟前，必先奏以画角三曲。

■ 冬季的黄河

滚滚的黄河

■ 黄河风景区

道观 按照古人由右至左的书写方式，应为观道，因而有"道观观道"之说。观就是古代观察星象的"天文观察台"。观道，如同观察星象一样深不可测，只能揣摩。道观之地，乃窥测无上天意所在之所，后世也解为某种处所。即是道士修炼的地方。又称道教的庙。

黄河岸河滩。风陵处的渡口叫"风陵渡"。

潼关城地处黄、渭二河交汇处，自古以来就是交通枢纽，水路要冲，还有私人和上下游经常过往客商船只。

每日拂晓，沉睡的黄河刚刚苏醒，岸上树影依稀可辨时，南来北往的客商就熙熙攘攘地朝风陵渡集结了。推车的，骑马的，赶牲口的，荷担的，负囊的……接踵而来。有的赶路，有的候渡，有的则已经坐在船头泛舟中流。

遥望黄河上下，烟雾茫茫，桅灯闪烁。船只南北横驰，彩帆东西争扬，侧耳倾听，哗哗的水声，吱吱的橹声，高亢的号子声，顾客的呼喊声，鸟声，钟声……汇成一片，古渡两岸回荡着优美的清晨争渡的交响曲。

万物复苏，春暖花开，黄河上游的万山丛中，积雪消融，封冰解冻，黄河流量剧增，这就形成了黄河春涨这一独特景观。

站在潼关城头北眺东望，只见银光四闪的冰凌伴随着河水，汹涌而下，水天一色，眼前一叶叶冰船傲居浪头，忽高忽低，时隐时现，有的排着长队，中流争渡；有的单枪匹马，岸边徘徊。风声、水声、隆隆的冰块相撞声，威武雄壮，激荡情怀。

道观神钟，因道观里的异于一般的"神钟"而驰名。相传古时候，这里洪水泛滥，黄河汹涌澎湃，流有雌雄二钟，摩荡有声，铁钟雌钟止于潼关，而铜钟雄钟则流于陕州。

后来，这口奇异的雌钟，被悬挂在麒麟山顶的钟亭上。钟亭周围绿树参天，白云缭绕，晨昏扣之，钟声抑扬顿挫。"宫商递变，律吕相生，声扬远闻"，清脆悦耳，山川生色。

另一处著名景观是佛头山。佛头山位于潼关县安乐乡境内，是以秦岭支脉佛头山为主体的山岳型风光

麒麟 也称作"骐麟"，简称为"麟"，外形像鹿，头上有一独角，全身有鳞甲，尾像牛尾。它是我国古籍中记载的一种动物，与凤、龟、龙共称为"四灵"，是神的坐骑，古人把麒麟当作仁兽、瑞兽。雄性称麒，雌性称麟。麒麟是吉祥神兽，主太平、长寿。

045

大美之河

壮丽山川

■ 黄河沿岸景观

滚滚的黄河

■ 黄河石林

及宗教文化风景区，景区面积15平方千米，其主峰海拔1806米，因酷似佛首，故称佛头山。

佛头山自古即有"关南名胜""西岳第二奇山"之称，为古今著名的避暑游览胜地。因其山顶常年白云萦绕又称"白云山"。

佛头山的驰名，主要源于妙善公主在此学佛行法，并最终在山顶佛崖寺修成千眼千手菩萨（即千手佛）的美妙传说。

佛头山在秦晋豫金三角地带的宗教界享有盛名，每年的农历三、六、九月分别有盛大的庙会，吸引八方来人。

佛头山宗教文化厚重，以佛而命名的山、以佛而命名的寺、以千手佛为核心的传说，又以四方宗教信徒的虔诚崇拜而使整个风景区蒙上了一层神秘、遥远的宗教色彩。

佛头山奇峰异石遍布：大自然鬼斧神工于此，有由佛头山主峰与侧峰组合而成的巨大卧佛，有睡眼蒙

唐僧（602年~664年），玄奘，唐朝著名的三藏法师，汉传佛教史上最伟大的译经师之一，我国佛教法相唯识宗的创始人。是我国著名古典小说《西游记》中心人物唐僧的原型。唐僧世称唐三藏，意谓其精于经、律、论三藏，熟知所有佛教圣典。

眬的"唐僧小憩",有惟妙惟肖的"老人背山",还有威风凛凛的"将军峰"、小巧玲珑的"葫芦石",将把你带入无限的遐想之中。

黄河中游的另一处胜景是黄河石林。黄河石林位于甘肃景泰东南,陡崖凌空,造型千姿百态,是黄河流域独特的地貌奇观。石林中的石柱石笋高达百米左右,最高可达200多米,其形天造地设,鬼斧神工。

在400万年前的新生代第四纪时期的更新世,闻名全球的黄河石林诞生了。黄河石林是亘古旷世的独特地貌奇观,是笼罩在浓郁梦幻色彩中超越时空的造物杰作,是风格迥异的高品位自然景色的优越组合。

在这个神奇的世界里,挺拔伟岸、牵人心魄的峡谷石林与逶迤绵延、荡气回肠的黄河曲流山水相依,以至动静结合,刚柔互济。古朴润泽的龙湾绿洲与疏放高亢的坝滩戈壁隔河而望,两种生态形成了鲜明的对比,并且反差强烈。

黄河石林浸透着浓厚的原始古韵,令人叹为观

新生代 是地球历史上最新的一个地质时代。随着恐龙的灭绝,中生代结束,而新生代开始。这一时期形成的地层称新生界。新生代以哺乳动物和被子植物的高度繁盛为特征,由于生物界逐渐呈现了现代的面貌,故名新生代,即现代生物的时代。

■ 黄河石林

■ 黄河石林

止。狭谷蜿蜒曲折，如蛇明灭，皆以沟命名，从东南至西北，共有八沟之多，堪称自然奇观。

在龙湾石林黄河边上有个观音崖，观音崖下面有一个石洞，洞内有一湾活水。在水底有一块巨石，石头上有一个鸡蛋大的小坑，带沙金的泥土常盛满小坑，水把泥沙冲去，金子重，就沉到坑内，天长日久，就会装满一窝窝金子。所以，人们把这块巨石叫澄金石。关于澄金石还有一个美丽的传说。

传说在很久以前，有一个穷小子姓尚，他从小父母双亡，孤身一人。在左邻右舍相助下，他才长大了。他自制了一条羊皮筏子，在黄河上以摆渡为业。他在渡口从不向人多要钱，虽然清苦，日子还能维持下去。

有一天，尚小子在摆完渡后，突然看见一只大灰狼叼着一匹小马驹，马驹拼命挣扎，情况十分危急。他就把狼驱赶跑了，救下了小马驹。

从此，尚小子白天摆渡，晚上照料马驹，马驹伤好了，他就赶着马驹在渡口放牧。他喜欢马驹，马驹也离不开他，就像好朋友一样。

两年过去了，小马驹长成了一匹高大的黄膘马。摆渡后，尚小子就骑着马嬉戏。

有一天，他刚跳上马背，这马就飞一般地向黄河里冲去，他大喊道："黄膘马，黄膘马，你今日疯了吗？咱俩都得喂王八啊！"

只听黄膘马说："我没疯，莫害怕，救命之恩要报答。"

尚小子见黄膘马踩水如走平地一样，箭一般地带着他进了观音崖下的大石洞。此时，黄膘马说："那就是澄金石，取了沙金赶快回去，今日之事，千万不能讲给外人听。"

尚小子翻身下马，石洞内的水不深，水下有一块好大好大的石头，石头上面有一个鸡蛋大的小坑，坑里满满地装着黄澄澄的金沙，这金沙映得洞里的水也泛着金光。尚小子脱下衣裳，包了金沙，跳上黄膘马，飞出石洞，飞过黄河到了家。

观音 又作观世音菩萨、观自在菩萨、光世音菩萨等。手持净瓶杨柳，具有无量的智慧和神通，大慈大悲，普救人间疾苦。当人们遇到灾难时，只要念其名号，便前往救度，所以称观世音。观世音菩萨在佛教诸菩萨中，位居各大菩萨之首，是我国百姓最崇奉的菩萨，拥有的信徒最多，影响最大。

大美之河

壮丽山川

■ 地貌奇特的黄河石林

滚滚的黄河

■ 黄河石林奇观

就这样，黄膘马一年带着尚小子去一次，尚小子也置了田产，娶了媳妇。闲暇的时候，他还在观音崖下面摆渡，只是不再收钱了。村子里的穷人，在他的帮助下，也渐渐地富了起来。

优美动人的传说，给黄河石林平添了许多神秘色彩。在山峰林立之中有一仙洞，名为盘龙洞。说起盘龙洞，可谓年代久远，这个洞形成于新生代第三纪末第四纪初的地质年代，洞内常年恒温在17℃左右。

盘龙洞曾名"兴龙寺"，位于石林的盘龙沟内，沟中有5个洞窟，洞顶有天然形成的太极图。

龙湾村的村民十分崇拜盘龙洞，并塑造数尊佛像供奉于盘龙洞内。自塑造佛像之日起，盘龙洞便成为附近村民的祭拜之地。由于历史的变迁，洞内屡经破坏，屡经修葺。

在盘龙洞中，内外温差较大，在春末或初秋时

■ 盘龙山

节，山洞之中，早晚有雾气飘出。相传在很久以前，这里曾经居住一个龙仙，盘龙洞因此得名。

盘龙洞还有一个神奇的功能，那就是能够预报天气。每当天气有骤变之前的三五天内，洞内便有沙粒落下，人们便以此来判断天气的变化。大自然的种种恩赐更增添了盘龙洞无限的神秘色彩。

阅读链接

由于季节的更替和水量的变化，黄河壶口瀑布季季皆有美景，形成了独特的八大景观：水底冒烟、旱地行船、霓虹戏水、晴空洒雨、旱天鸣雷、冰峰倒挂、山飞海立和十里龙槽。

壶口瀑布景区内景点星罗棋布，有孟门月夜、镇河神牛、旱地行船、清代长城、明清码头、梳妆台、古炮台、克难坡等自然和人文景观。

从1994年起，每年举办一次壶口瀑布漂流月，亚洲飞人柯受良和吉县飞人朱朝晖先后驾驶汽车和摩托车成功飞越黄河，壶口景区已成为令人瞩目的旅游热点。

黄河下游地理与人文景观

　　万里黄河从青藏高原的巴颜喀拉山，横贯东西，一路汹涌奔腾，锐不可当，最终注入渤海。黄河中、下游的分界点是河南的旧孟津，也就是今会盈镇。

　　在孟津河段以东便是闻名华夏的黄土高原。黄河中段流经黄土高原地区，夹带了大量泥沙。因此，当地有"九曲黄河十八弯，一碗河

黄河下游风光

■ 黄河下游风光

水半碗沙"之说。

在孟津以下，也就是河南郑州桃花峪以下的黄河河段为黄河下游。黄河下游几乎没有支流，主要是地上河，水道开阔，水流缓慢。

黄河下游河段长期淤积形成举世闻名的"地上悬河"，黄河约束在大堤内成为海河流域与淮河流域的分水岭。除大汶河由东平湖汇入外，黄河在这一河段没有较大的支流汇入。

通常的河道是河道底要低于其流经的地面的，而黄河在流经黄土高原地区时由于流速快，所经地段植被情况差，导致大量的泥沙被带走，而到了下游，流速变缓，于是大量的泥沙就沉积了下去，几千年常此积累，堆积在河床上，致使河床升高，地上河就此形成了。

泥沙的大量淤积使黄河下游河床不断上升，两岸地区每逢汛期都要面临着洪水的威胁。长期以来，人们采取修筑堤防的方式来约束洪水，致使河床与两岸地面的高差越来越大。黄河因此而成为高出两岸的"地上河"。地上河在一定条件下就决溢泛滥，改走新道。

黄河下游河道迁徙变化的剧烈程度，在所有河流中都是独一无二的。根据有文字记载，黄河曾经多次改道。河道变迁的范围，西起郑

■ 黄河中下游风光

州附近，北抵天津，南达江淮，纵横25万平方千米。

在内蒙古巴彦淖尔盟西南部的磴口县，黄河河道比县城所在地平均高出4~6米。黄河奔流在中条山与秦岭之间，东行经河南孟津。由这里距黄河30千米处，就是我国著名的古都洛阳。

洛阳是我国七大古都之一，从东周起，先后九个朝代在此建都，被称为"九朝古都"。洛阳有着数千年文明史、建城史和建都史，我国古代伏羲、女娲、黄帝、唐尧、虞舜、夏禹等神话，多传于此。

洛阳，出河图洛书育三皇五帝，不仅是中华文明的发端之地，也是我国70%宗族大姓的起源地，全球一亿客家人的祖籍地，儒释道三教的汇聚地。可以说，以洛阳为中心的河洛地区是中华文明的重要发祥地，而河洛文化是中华民族的根文化。

下游河段利津以下地区是黄河的河口段。黄河入

海口因泥沙淤积，不断延伸摆动，最终在渤海湾与莱州湾交汇处形成了黄河的入海口。

在这一地区最壮观的景象莫过于"大河流鱼"景观。随着黄河调水调沙大流量洪水的持续下泻，含有大量泥沙的浊流流向下游河道，高含沙量的河水使河水中供氧严重不足，导致鱼儿翻出水面，顺流而下，形成了"大河流鱼"的壮观景象。

黄河是中华民族的摇篮，因为这里曾经气候温暖，森林茂密，土地肥沃，自然资源丰富。早在远古时期，黄河中下游地区气候温和，雨量充沛，适宜于原始人类生存。

黄土高原和黄河冲积平原，土质疏松，易于垦殖，适于原始农牧业的发展。黄土的特性，利于先民们挖洞聚居。特殊的自然地理环境，为我国古代文明的发育提供了较好的条件。早在150万年前，西候度

三皇五帝 三皇指伏羲、神农、黄帝；五帝指少昊、颛顼、帝喾、尧、舜。原为传说中我国远古的部落首长。后借指远古时代。三皇五帝是我国在夏朝以前出现在传说中的"帝王"。从三皇时代到五帝时代，历数千年。三皇五帝是中华上古杰出首领的代表。

■ 黄河入海口

猿人在现今山西省黄河边的芮城县境内出现。其后，100万年前的蓝田猿人和30万年前的大荔猿人在黄河岸边取鱼狩猎，生活繁衍，继续为黄河文明的诞生默默耕耘。7万年前山西襄汾丁村早期智人以及3万年前内蒙古乌审旗大沟湾晚期智人，奏响了黄河文明的序曲。

伟大的母亲河黄河，历经各朝代的治理和维护，以滔滔不绝之势滚滚东流，昭示着历史，演绎着传奇。

阅读链接

黄河人生性豪放，其饮宴与外地不同。在黄河下游，兔的习俗与文化源远流长，在当地民俗文化中占有重要位置。

传说很久以前，有一对修行千年的兔子得道成了仙。它们有4个可爱的女儿，各个生得纯白伶俐。

有一天，玉皇大帝召见雄兔上天宫。正当他来到南天门时，看到太白金星带领天将押着嫦娥从身边走去。兔仙不知发生了什么事，就问看守天门的天神。听完她的遭遇，兔仙觉得嫦娥关在月宫里，多么寂寞悲伤，要是有人陪伴就好了。他忽然想到自己的4个女儿，便把嫦娥的遭遇告诉雌兔和女儿们。

孩子们明白了父亲的心，都表示愿意去陪伴嫦娥。他们最终决定让最小的女儿去月宫。于是小玉兔告别父母和姊妹们，到月宫陪伴嫦娥捣药去了。

再创辉煌

黄河流域孕育了伟大的华夏文明，这里曾长时期作为政治、经济和文化中心，被誉为中华文化的摇篮。

黄河文明是以农业为经济基础而发展起来的，黄河流域是世界上最早，也是最重要的农业发源地之一。到了夏商周及以后各个朝代，黄河文明得到了持续发展。黄河流域诞生了原始文字，并具有极为悠久的青铜器铸造历史。

黄河儿女在独特的地理环境下，屡经迁徙，把黄河文明传播到华夏大地。同时，在与自然作斗争的过程中也形成了勤劳勇敢、团结一心、拼搏进取的民族之魂。

起源于农耕文化的黄河文明

在中华民族5000年的历史长河中，黄河流域一直是政治、经济、文化的中心。黄河文明，是以农业为经济基础而发展起来的。黄河流域发现了大量的古文化遗址，而农业则是这些远古文化的主要内涵。

■ 原始人耕种场景

■ 二十四节气圭

在长期艰苦的劳动中，黄河流域的先民们发明了农业，在野草中培育了五谷等各类农作物。同时还发明了农业生产工具，并使之不断地改进，将其从木、石质改进为金属工具。

先民们还创造了历法，制定了二十四节气，认识了天象与农业的关系。人们还发明了丝绸，使我国成为世界闻名的丝绸之国。在黄河流域这块热土上，华夏民族用智慧和汗水建造了自己美丽的家园。

由于凌驾于社会之上的公共权力的出现和形成，封建国家制定了各种农业政策和赋税制度。文明的要素，即文字、金属和城堡，这些最早都是在黄河流域出现和形成。黄河中下游地区形成了我国最早的文明中心。

黄河流域诞生了原始文字。半坡遗址出土的大批陶器上都有刻画符号。有的符号比较简单，有的稍显复杂。在仰韶文化类型遗址的陶器中，也多有这种符号。在渭水流域的西安、临潼、邰阳、铜川、宝鸡和甘肃秦安都有发现。

大汶口文化类型的莒县陵阳河遗址出土的大口尊上，发现了陶尊

■ 安阳殷墟遗址

商纣（？～前1046年），帝辛，名受，后世人称殷纣王。帝辛天资聪颖，闻见甚敏，膂力过人，有倒曳九牛之威，具抚梁易柱之力，深得帝乙欢心。帝辛继位后，重视农桑，社会生产力得到发展，国力逐渐强盛。帝辛于公元前1075年即位，在位30年，后世对其评价褒贬不一。

文字17个，其时代在公元前4000年左右。这些都与我国古文字有着一脉相承的关系，是我国文字的渊源。

殷商时期，大批的甲骨文在殷墟出土，在世界古文字研究方面具有重要的意义。殷墟是商朝后期的都城遗址，位于河南省安阳市区西北小屯村一带，距今已有3300多年历史。因其出土大量的甲骨文和青铜器而驰名中外。

商代后期叫北蒙，又称殷，公元前14世纪盘庚迁都于此，至纣亡国，共传8代12王，前后达273年。周灭殷以后，曾封商纣之子武庚于此，后因武庚叛乱被杀，殷民迁走，逐渐沦为废墟，故称殷墟。

殷墟占地面积约24平方千米，大致分为宫殿区、王陵区、一般墓葬区、手工业作坊区、平民居住区和奴隶居住区。

古老的洹河水从城中缓缓流过，城池布局严谨合理。从其城市的规模、面积、宫殿的宏伟，文物质量之精、之美、之奇、数量之巨，充分证明了殷当时不仅是全国，而且是东方政治、经济、文化中心。

黄河流域青铜器历史悠久。黄河中下游地区，是当时我国科学技术和文学艺术发展最早的地区。商代青铜冶炼技术已达到相当高的水平，同时还出现了铁器冶炼，标志着生产力发展到一个新的阶段。

目前，新石器时代考古所发现的青铜器只在黄河流域出现，其他地区或者只有很少的几个铜片，或者只是在淤泥中出现的一点铜锈痕迹，而且仅是一处孤证。或者根本没有出现过与青铜器有关的器具和器物。黄河流域以外地区的青铜文明，远远落后于中原地区。

此外，在洛阳出土的铁锛、铁斧，表明我国开发铸铁柔化技术的时间，比欧洲各国早2000多年。

武庚（？～约前1039年），史记中称作禄父，是商纣王的儿子，幼时聪明好学。周武王即位后，封武庚管理商朝的旧都殷即河南安阳，殷的遗民大悦。武王为了防止武庚叛乱，又在朝歌周围设邶、鄘、卫三国，共同监视武庚。

■ 殷墟出土的司母戊鼎

桥梁是社会发展的产物，既受着所处时代经济社会发展的影响，也伴随科学技术水平的提高而进步。

我国有文字记载最早的简支木梁桥，为商代在黄河重要支流漳水上修建的钜桥。据记载，公元前1066年，周武王伐纣王，攻克商都朝歌，即河南淇县，曾发钜桥头积粟，以赈济贫民。

在黄河下游龙山文化类型的遗址中也发现许多古城址。山东章丘龙山镇的城子崖城址，总面积17.55万平方米。

在寿光亦有一处古城址。城址分大小两处，小城在大城之内，居中偏南。大城面积约5.7万平方米，四边城墙之中部各有一门道，门宽约10米，城内面积1万平方米左右。大城距今3800年左右，小城距今3900年左右。

从黄河流域发现的龙山文化时期的古城址来看，城址中或有城门和门卫房，或有护城河，是具有军事性质的城堡。城内高台上的高大建筑物，表明城内居民存在阶级和阶层的差别。

西周末年，我国经济重心向东转移。公元前770年，周平王迁都成周，黄河的下游平原区才逐渐得到开发。

阅读链接

中华人民共和国成立后，在古老的洹水岸边修建了殷墟博物苑。它占地约6.7万平方米，就建在殷墟的宫殿区遗址上。

殷墟博物苑是依照甲骨文的"门"字形，用几根雕有商代纹饰的木柱和横梁结构而成。苑中建筑由著名的古建筑家设计，严格地构筑在原建筑的遗址上。每座建筑都采用了重檐草顶、夯土台阶、檐柱上雕以蝉龙等纹饰图案。

殷墟博物苑不仅展现了殷代王宫殿堂的布局与建筑，而且还具有园林特色。同时，它也是集考古、园林、古建、旅游为一体的胜地。

大禹时代开启数千年治水史

黄河下游河道在夏、商、周时期呈自然状态，在其低洼处有许多湖泊，河道串通湖泊后分为数支，游荡弥漫，同归渤海，史称禹河。

根据古文献记载，在下游古黄河自然漫流期间，沿途接纳了由太行山流出的各支流，水势较大，流路平稳。它在孟津出峡谷后，于孟县和温县一带折向北，经沁阳、修武、获嘉、新乡、汲县、淇县、汤阴及安阳、邯郸、邢台等地东侧，穿过大陆泽，散流入渤海。

■ 大禹塑像

■ 大禹治水壁画

鲧 先秦时期的历史人物，黄帝的后裔、玄帝颛顼的玄孙，是夏朝开国君主大禹的父亲。被尧封于崇地，为伯爵，故称崇伯鲧或崇伯，公元前2037年~公元前2029年在位于崇伯。尧时，洪水为害，尧命鲧去治水，鲧用堵塞的办法，治水失败，被"殛之于羽山"。

这条流路经过近代强烈下沉的廊济裂谷。谷西为太行隆起，此地形称为"断块"。谷东为清浚隆起，此地形称为"断隆"。两者都是上升带，大河纵贯于两隆起之间的裂谷槽地。

历史上，黄河流域曾经长时期作为我国政治、经济和文化中心。历史上频繁的灾害，也使黄河被称为"中国的忧患"。为了保证长安、洛阳、开封等京都的供应，黄河中下游的水运开发历史十分悠久。

大禹治洪水，是我国远古时期的传说。禹的时代约相当于公元前21世纪。当时，黄河流域出现了特大洪水，河水泛滥的主要地区大致在今河南北部、东部及山东西部一带。这里正是一些著名的氏族部落居住与活动的区域。

传说，最初部落联盟会议推举夏后氏部落的鲧治水。在此以前，原有共工氏治水的传说。共工氏治水的方法，就是将高处的泥土、石块搬到低处，修筑成简单的堤埂，以堵塞洪水。

"鲧堙洪水"就是沿用共工氏的老办法，用堤来阻挡洪水，结果非但洪水堵不住，堤坝冲垮反而危害更大。鲧治水失败后，死于放逐途中。

以后，部落会议又推举鲧的儿子禹来主持治水，由共工部落的后裔四岳进行协助。

禹总结其父失败的经验教训，提出"疏川导滞"的治水方案，用疏导代替堵塞。就是寻其主流，加深加宽，同时把涣散的细流决通，使归河槽，做到"水由地中行"，由主道流入海。

就这样，经过人工疏浚后，河流的自然状况发生改变，不仅消除了水患，而且原来洪水漫溢之地逐渐干涸后也成为耕地。

从单纯的消极防洪，演变为积极地治河，经过了

共工氏 古代神话中的水神，掌控洪水。有一种说法，共工氏是黄帝王朝时代的部落名，把共工与驩兜、三苗、鲧列入了四凶之一。共工是一种官职，舜帝设立的九官之一，主管矿业。

■ 大禹治水壁画

大禹治水壁画

滚滚的黄河

10多年的时间，终于制服了汹涌的洪水。从此，因避水而躲到丘陵高地的人们，又迁回到平原上居住和生产。后世人们便永远地怀念禹的功绩。

大禹以疏导为主的治水方针，为后代水利专家继承和发展，掌握了"因水以为师"的水流运动的客观规律，有效地克服了水患。

相传大禹治水时期，凿平龙门山，又开辟龙门，有一里多长，黄河从中间流下去，两岸不能通车马。

每年的暮春，有黄色的鲤鱼从大海及各条大河争着来到龙门。一年之中，登上龙门的鲤鱼，不超过72条。

刚一登上龙门，就有云雨跟随着它，天降大火从后面烧它的尾巴，于是鲤鱼就变化成龙了。

东海中有一群金背鲤鱼、白肚鲤鱼、灰眼鲤鱼，听说禹王要挑选能跃上龙门的风流毓秀之才管护龙门，便成群结队，沿黄河逆流而上。

还没望见龙门的影子，那一条条灰眼鲤鱼便被黄河中的泥沙打得晕头转向，就拐过头来，顺流而下，不费吹灰之力又游回黄海。不幸正碰上张着大口的鱼鳖海怪，便呜呼哀哉了。

金背鲤鱼和白肚鲤鱼，摆成一字长蛇阵，轮流打前锋，迎风击浪，日夜兼程，终于游到了龙门脚下。

它们把头伸出水面，仰望龙门神采：只见那神奇的龙门两旁，各有一根合抱粗的汉白玉柱，玉柱上雕着活灵活现的石龙。

龙身缠着玉柱，盘旋而上，直到百丈柱顶。龙门中水浪滔天，银亮的水珠飞溅到龙头之上，恰成"二龙戏珠"的奇异彩图。背景是蓝天白云，映衬着龙门两侧的石刻对联：

长长长长长长长；
朝朝朝朝朝朝朝。

这景色胜过那蓬莱仙境。

鲤鱼们看罢美景，就向禹王报名应试。禹王一见大喜，说："鱼龙本是同种生，跃上龙门便成龙。"

鲤鱼们一听，立即鼓鳃摇尾，使尽平生气力向上

蓬莱 位于胶东半岛最北端，是山东省管辖的县级市。濒临渤、黄二海，东临烟台，南接青岛，北与天津、大连等城市隔海相望。蓬莱自古以来就被誉为"人间仙境"，八仙过海的传说也就发生在这里。133年，汉武帝东巡至蓬莱，望神山不遇，筑一座小城命名为蓬莱。

■ 鲤鱼跃龙门石雕

■ 龙门暮色

跃去，没想到刚跳出水面3米多高，就跌了下来，摔在水面上。但它们并不灰心丧气，而是日夜苦练甩尾跳跃之功。

就这样，一直练了七七四十九天，一下能跃七七四十九丈高。但要跃上百丈龙门，还差得很远。

大禹见鲤鱼们肯苦练功夫，就点化它们说："好大一群鱼!"

有条金背鲤鱼听了禹王的话大有所悟，对群鱼说："禹王说：'好大的一群鱼。'这不是在启发我们要群策群力跃上龙门吗?"

群鱼齐呼："多谢禹王!"

鲤鱼们高兴得摇头摆尾，一条条瞪眼、鼓鳃，用尾猛击水面，只听"膘膘"的击水声接连不断。一跃七七四十九丈高，在半空中一条为一条垫身，喘口气儿，又是一跃七七四十九丈高。

只差两丈了，禹王用手扇过一阵清风，风促鱼跃，众鱼一条接一条地跃上了它们日夜向往的龙门。

有条为众鱼换气垫身的金背鲤鱼，看同伴们都跃上了龙门，唯独自己还留在龙门脚下。它寻思道：我何不借水力跃上龙门。

恰巧黄河水正冲在龙门河心的巨石上，浪花一溅几十丈高，这金背鲤鱼猛地蹿出水面，跃上浪峰，又用尾猛击浪尖，鱼身一跃而起，没想到竟跃到蓝天白云之间。一忽儿又轻飘飘地落在龙门之上，如同天龙下凡。

大禹一见，赞叹不已，随即在这条金背鲤鱼头上点了红，一霎时，鱼龙变化。金背鲤鱼变成一条吉祥之物——黄金龙。

大禹命黄金龙率领众鲤鱼管护龙门。这个"鲤鱼跃龙门"传说中的龙门，就位于黄河壶口瀑布南面约65千米处，在晋陕峡谷的最南端。龙门之南，就是开阔平坦的关中平原。

黄河之水从狭窄的龙门口突然进入宽阔的河床之中，河性发生很大变化。龙门的形成，是其东面的龙门山和西面的梁山各伸出山脊，相互靠拢，形成一个只有100米宽的狭窄的口门，好像巨钳，束缚着河水，形成湍急的水流。

每当洪水季节，由于峡口中的水位壅高，而出了峡谷后，河谷突然变宽，水位则骤然下降，于是在龙门形成明显的水位差，故有"龙门三跌水"之说。"鲤鱼跳龙门"的故事，就是指跳跃此处的跌水。

古代人们对龙门峡这种自然奇观的形成，感到不可思议，便想象为大禹所凿开的一条峡口，因而龙门又被称为"禹门口"。

阅读链接

先秦诸子对禹治水的活动，有所谓"禹疏九河，瀹济、漯而注诸海，决汝、汉，排淮、泗而注之江"，以及"凿龙门，辟伊阙"的记载。

事实上，禹治水仅限于黄河下游平原地区，他不可能遍及如此广阔的幅员，治理如此众多的河道。

因地壳变动，使伊阙山断裂而形成的龙门，也非凭原始工具所能开凿。这只是后人为了追念禹功，把其他一些治水的事迹，都附会到禹的身上，并赋予神话的色彩。

这些夸大禹治水功绩的传说，不过是后人崇德报功的心理表现，但不能因而怀疑禹治水这一故事本来的真实性。

两汉时期对黄河加强治理

春秋战国以后，专制制度逐渐形成，随着秦汉王朝的统一，黄河文明进入了大发展时期。从此，各朝各代都加强了对黄河的治理。西汉时期，已专设有"河堤使者""河堤谒者"等官职，河防工程已达到相当的规模。

■ 黄河护堤

两汉时期，黄河下游的河道又发生了新的变化。如在相距25千米的大堤内出现了许多村落，堤内的居民修筑直堤来保护田园。大河堤距宽窄不一，窄处仅数十米，宽处数千米不等。

再有，黄河堤线曲折更多，如从黎阳至魏郡昭阳两岸筑石堤挑水，几十千米内的有5处。黄河个别河段堤防修得很高，据《汉书·沟洫志》记载，黎阳南35千米处的淇水口，堤高3米，自淇口向北9千米至遮害亭，堤高12米至15米。

这种河道，导致在西汉时期黄河决溢较多。在公元前132年，瓠子决口后，洪水向东南入巨野泽，泛滥入淮、泗，淹了16郡，横流了23年才得以堵复。公元11年，河水大决魏郡元城，泛滥冀、鲁、豫、皖、苏等地将近60年，造成黄河第二次大改道。

西汉时期是黄河水患发生的一个频繁时期，规模巨大，影响深远。早在公元前607年宿胥口改道以来，黄河一直比较稳定。但年久日深以后，由于泥沙的沉积，河床愈淤愈高，到了西汉时期，终于形成了"地上河"。

在黎阳，即浚县附近的遮害亭处，堤高竟达15

《汉书》又名《前汉书》，东汉班固所著，是我国第一部纪传体断代史。其沿用《史记》的体例而略有变更，记载了上自汉高祖六年，下至王莽地皇四年，共230年历史。《汉书》语言庄严工整，多用排偶，遣词造句典雅深奥。我国后世纪史方式都仿其体例纂修纪传体的断代史。

■ 黄河沉积区

汉武帝 （前156
年～前87年），
即刘彻，汉朝第
七位皇帝，16岁
登基，在位达54
年。汉武帝进行
了大刀阔斧的改
革，多有建树，
其举措对后世影
响深远。汉武帝
开疆拓土，奠定
了我国的疆域版
图，将中华帝国推
上了空前的高峰，
该段时期被后世称
为汉武盛世。

米。西汉200多年间，因洪水决口而造成泛滥，见于记载的达11次。于是，对黄河的治理为人们所重视。

西汉朝廷已经专门设有"河堤使者""河堤谒者"等官职，沿河郡县长官都兼有防守河堤职责，专职防守河堤的人员达数千人。濒河十郡，治堤年费达到万万两，河防工程已达到相当的规模。

《史记·河渠书》中记载，公元前109年，汉武帝令汲仁、郭昌发卒数万人塞瓠子决，并亲率臣僚到现场参加堵口，说明堵口已经是相当浩大的工程。

公元前6年，汉哀帝公开征求治河方案，贾让献治河三策。上策为：引黄河使复走《禹贡》大河故道，使在太行山脉与老黄河大堤之间，有一个"宽缓而不迫"的去处。中策为：舍黄河旧堤，另筑大堤，使黄河与漳水会同出海，并在河道两侧分建水门以调节水量。至于单纯依靠堤防来防洪，则为下策。

到王莽执政时期，张戎应征的治河方案，根据水向下流的特性，流快则刮除淤积，使河床稍深的原理，科学地论证了水流流速与泥沙沉积的关系。明代潘季驯的"束水攻沙"，就是以此为出发点的。

由于《禹贡》大河故道逼近太行山，地势高亢，难以恢复。其上、中两策的设想是不切实际的。而他所视为下策的"筑堤"，却为东汉王景及后代所广泛应用，并取得了不少成就。

史书记载最早的一次大规模治河工程，是王景治河。东汉时期，王景曾对芍陂加以疏浚。后来，曹魏又派人"兴治芍陂""以溉稻田"。到了宋元以后才逐渐堙废。今安丰塘是古代芍陂的残存部分。

公元69年，东汉明帝派王景和王吴治理黄河，主要将河、汴分流。筑堤自荥阳至千乘海口，长500千米。这道河堤对防御黄河泛滥起到了较好的作用。

这一时期，下游河道称为东汉故道，自后来的濮阳西南西汉故道的长寿津，改道东流，循古漯水，经今范县南，在阳谷县西与古漯水分流，经今黄河和马颊河之间。

王景（约30年~约85年），东汉时期著名的水利工程专家。少学易，广窥众书，又好天文术数之事，沉深多技艺，时有荐景能治水者，明帝诏与王吴共修浚仪渠，王吴采用王景堨流法，水不复为害。

■ 安丰塘美景

■ 王景塑像

当时，汉明帝发兵卒数十万人。王景虽然节省役费，但是费用仍以百亿计。此次修渠筑堤，扼制了黄河南侵，恢复了汴渠的漕运，取得了良好效果。

王景治理黄河是河、汴兼顾，而以治河为主。其治河的主要措施是修筑大堤，把黄河重新置于两岸大堤的约束之中，并顺着自然地势，而采取一条距海最近的行洪路线。

由于河流比降大，水流挟沙能力强，再加上他建立汴口水门和整修汴渠的成功，使汴渠成为黄河下游理想的分洪道，对黄河也起了分流分沙，减少主河床淤积抬升速度的作用，成为东汉以后河床能得到较长时期稳定的原因之一。

据历史记载，东汉末年，黄河流域就已建有砖石拱桥，如魏都邺地的石窦桥、晋代洛阳的石拱桥等。

阅读链接

黄河故道有三种，一种是荒芜的盐碱地，一种是水草丰美的湿地，还有一种是尚存的河道。像宁远、商丘一部分黄河故道就属前一类，不过这些故道大多年代久远，以至于许多当地人都不知道在这样的河床上曾经流淌过一条叫作黄河的河流。

而大多数黄河故道都属后两者，如盛产梨子的砀山、山东单县、豫北的湿地、江苏宿迁，黄河夺淮入海后在徐州留下的故道；黄河入海口的东营境内，还有一条盛产黄河鱼的故道。

唐宋时的流域文化及河流治理

刘禹锡雕像

黄河作为中华民族的母亲河，以滔滔不绝之势奔腾入海，演绎着古老而悠久的华夏文明。

古往今来，许多文人墨客无不为之汹涌之势倾倒，留下了大量不朽的诗篇，唐代著名诗人刘禹锡在《浪淘沙》中写道：

九曲黄河万里沙，
浪淘风簸自天涯。
如今直上银河去，
同到牵牛织女家。

唐代是中华民族的盛世时期，在政治、经济、文化等各方面均得到了前所未

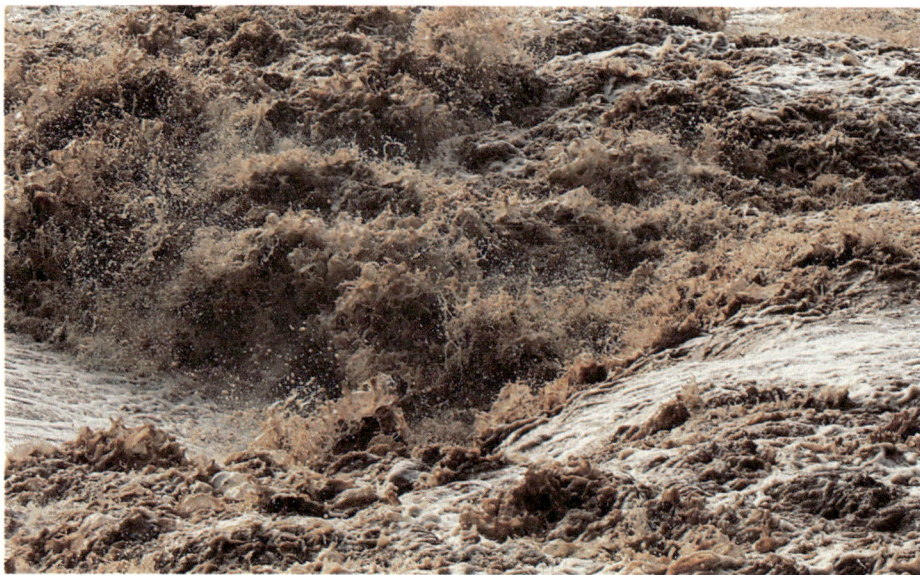

滚滚的黄河

■ 水流湍急的黄河

有的发展，尤其是文化艺术更是达到了巅峰。

歌颂黄河的诗篇也是不计其数，如唐代诗人王之涣的 "白日依山尽，黄河入海流""黄河远上白云间，一片孤城万仞山"，王安石的"派出昆仑五色流，一支黄浊贯中州"等佳句都是黄河宏伟气势的真实写照。

到了宋代，经济与文化教育较唐代更为繁荣，而北宋更是我国历史上的一个重要朝代。金、元之际的著名文学家元好问在《水调歌头》中就有佳句：

黄河九天上，人鬼瞰重关。
长风怒卷高浪，飞洒日光寒。

北宋疆域辽阔，幅员广大。但是北宋建立后，黄河水患却日益加重。1060年，黄河自大名决河东流，自沧州境入海，当时黄河称为东流。

王安石（1021年~1086年），字介甫，号半山，封荆国公。世人又称王荆公。汉族，江右民系，北宋临川盐阜岭人，我国古代杰出的政治家、思想家、文学家、改革家，唐宋八大家之一。其诗文各体兼擅，词虽不多，但亦擅长，且有名作《桂枝香》等。

在北宋统治的160多年中，黄河先后7次决溢后改道、改流和分流，受灾地区广，原有堤防基本上已经失去抗洪能力。河患加重，不仅对沿岸农田威胁很大，而且对汴河航运、京师的安全有重大影响。

北宋朝廷倾注很大的人力和物力治理黄河，建筑河防工程，但由于当时生产力发展和科技水平所限，治理黄河的效果并不十分显著。但是，人们在探索治河的同时，积累了大量的经验教训，对后来的元明清代治理河流的工作都有一定的影响。

在宋代，朝廷专门设置了权限较大的都水监，专管治河事宜。沿河地方官员也都重视河事，并在各州设河堤判官专管河事，朝廷重臣，多参与治河方略的争议。这个时期，治河问题引起了很多人的探讨，加深了对黄河河情、水情的认识，河工技术有了很大的进步。

宋代的堤防技术是利用大河两边的堤岸，使其起到限定河水泛滥的作用。宋代时就有正堤、遥堤、缕堤、月堤、横堤、直堤、鉴堤等，种类很多，其规模、形状及作用略有不同。

大河两岸的正堤，一般称堤，遥堤则为正堤以外的最外一重堤，主要作用是在大河汛期将河水限定于遥堤以内的地方行流，尽量把泛

■ 黄河及沿岸护堤

滥的地方控制在一定范围内。

1081年，遥堤之间很宽阔，有时要迁出一些县、镇。缕堤是介于正堤和遥堤之间的第二重堤，有"预备堤"的作用。

若正堤决口，可加强缕堤临时抵挡水势。黄河堤防虽不像汴渠堤防那样严格，但一些重要城镇附近和主要险段注重堤防质量，有的地方甚至建成石堤。

在《河防通议》中，就详细记载了修砌石岸的施工方法，施工程序严密，对石堤基础要求较为严格，有的土质堤岸由于常年维修，规模相当庞大、坚固。

如1080年郓州所筑的遥堤长10千米，下阔20余米，高3米。若以顶宽3米算，则边坡比达1比2.5，堤身断面尺寸是比较科学的。另外，北宋还年年发动黄河两岸附近居民种植榆柳，有效地加固堤防。

北宋河防最主要的技术之一就是埽工技术，宋代不仅用埽堵口，而且还用埽筑堤、护岸。埽是把树枝、石头等，用绳子捆紧做成的圆柱形东西，用它来

《河防通议》

是一本关于宋金元三代治理黄河工程的规章制度的书籍。这些规章制度在施工实践中应用了300多年。原著者名为沈立，他在1048年，搜集治河史迹，古今利弊，撰《河防通议》。原书已失传。现存本系元代色目人赡思根据当时流传的几种版本，加以整理删节改编而成，共上、下两卷。

■ 黄河堤防

■ 黄河堤坝

保护堤岸防水冲刷。

　　由于埽的重要作用，埽工技术日臻完善。在《河防通议》中，详细地记载了埽工的制作：在密布的绳索上铺一层榆木柳条之类，再在其上铺上碎石，并用粗大的竹索横贯其中，卷而束之使它形成圆柱形的整体。卷埽时要用数百人扛大木卷起，每卷一层，都在上面架上大木梯，众人站立在梯上压紧。每个大埽一般长约33米，直径为3.3米至13.3米。

　　北宋每年制埽都很多，它们一部分储备堵口应急，一部分用作修理，一部分用作护岸。护岸技术有束埽护岸、木笼护岸、石版护岸、锯牙护岸等。束埽护岸并不经久耐用，但因其简单、有效，直到后世仍被沿用。

　　1021年，北宋大臣陈尧佐曾采用木笼护岸。南宋知府李若虚曾用石版护岸的方法，做本州附近河堤护岸。李若虚制石版为岸，押以巨木，后虽然暴水，但

陈尧佐（963年～1044年），北宋大臣、书法家、画家。988年进士，历官翰林学士、枢密副使、参知政事。工书法，喜欢写特大的隶书字，咸平初，任潮州通判，999年建韩吏部祠于金山麓夫子庙正室东厢。著有《潮阳编》《野庐编》《遣兴集》《愚邱集》等。存世词一首。

■ 黄河改造遗址

是不易坏。

另外，北宋时期，人们还经常采用锯牙护岸，就是在河堤内修筑一系列锯齿状的短土堤、石堤或木堤，以挑开暴流，防止齿蚀堤岸，这就是堵口技术。堵口技术，堵口的难点在于合龙。通常堵塞决口要合口时，中间下一个埽，称为合龙。

沈括在《梦溪笔谈》中，曾记录河工高超的堵口技术。1048年，黄河在商胡决口，久堵不成。高超建议把埽分成3节，每节十余米，两节之间用绳索或缆索连起来。先下第一节等它到水底之后，再压第二节，最后压第三节。

他指出，如果第一节没堵住水，但水势必减半。到压第二节时，只用一半的力，即便水流还没断，不过是小漏。而压到第三节时，就平地施工，可以充分使用人力。而等到第三节都处置好了，前两节自然被浊泥淤塞，不用多费人力。

合龙时，除了经常采用大埽堵口外，北宋还于1078年创造了一种"横埽法"堵口，后来作为常法推广。横埽法，要比直埽法大得多，成功率提高，是一个很大的改进。

人们在堵口时，有时还在上游先行分水，减少下游水差，减轻合龙难度。此外，人们也经常采用开凿新河分水的办法来减轻河患，开河技术有了一定的提高。

《河防通议》中"开河"一节，对此有详细的论述。首先要观察上游的地形和水势，并测量河床高程的变化。还要选择在枯水季节施工，冬季备料，春季施工，洪水到来之前完成新河开挖任务。新开引河口应留一临时隔堰，使水流顺势而下，保证一定的流速，以防新河淤积。

开河应因势利导。若河势成丁字形，水流正撞堤岸，剪滩截嘴，疏浅开挑，费功不便，但可解一时之急。如地形适宜取直开挑，须先固定口门，分水势以解堤岸之急。

如果要将主流引入新河，就应该在河的对岸抛树枝石块影响水势，然后用树石加固河口，损而复备，直到坚固不摧。这样，新河可成，旧河即淤。

古代开河技术的总结，远没有上升到定量的程度，但总体上是适合治河原则的。另外，在宋代还出现了疏浚泥沙的疏浚机械。

在《宋史·河渠志》中曾记载，1073年，有人发明了"铁龙爪扬泥车法"，当时所用疏浚的瓜形铁器可谓是近代疏河船的先驱。

阅读链接

《河防通议》中"闭河"一节，专门记载北宋堵口合龙的技术和过程。

书中指出，合龙前，要首先检视龙口的深阔、水流情况及土质。随后在龙口上游打星椿，然后在星椿内抛下大木巨石。

接着从两岸各进草占三道，土占两道，并在上面抛下土石包压住，闭口时同时急速抛下土包土袋。合龙后，在占前卷拦头埽压于占上，再修筑压口堤，最后在迎水处加埽护岸。

大迁徙把黄河文化传播各地

　　黄河中下游平原是中华民族的发源地。从秦汉时期开始，我国人口就由黄河中下游平原向四周扩散，重点是向长江流域和珠江流域扩散。我国人口地区分布的中心首次由黄河流域移到了长江流域。

■ 人口迁徙场景

■ 移民泥塑

两宋时期，北民的进一步南迁，南方经济在我国经济中的地位，已经超过了北方，对朝廷的财政收入起着重要作用，表明我国古代经济重心南移的进程最终完成。

滔滔黄河给流域内的居民带来繁荣富庶的同时，也给百姓带来过无数次的灾难。但是，黄河的泛滥也推进了另一壮观的现象，那就是人口大迁徙。

黄河流域的人口两次大迁徙，促进了各民族文化的发展和融合，同时也使我国人口分布趋于平衡，经济进一步协调发展。

第一次大规模的人口大迁徙是走西口。

走西口的现象大约是从明代中期开始，规模最大时出现于明末清初，一直持续到清朝末年。这个时期走西口的人口数量最大，前后经历了大约300年。

走西口的主要是山西人，陕西、河北也有一些居

西口 即杀虎口，是雁北外长城最重要的关隘之一。位于晋北与内蒙古的边缘，是内蒙古南下山西中部或下太行山所必经的地段，自古便是南北重要通道，至今大同至呼和浩特的公路，仍经由此地；况且杀虎口东依塘子山，西傍大堡山，在两山夹峙之中，有苍头河纵贯南北，形成约有1.5千米宽的河谷开阔地。

票号 山西商人资本中的货币经营资本形式，最著名的是票号。票号又叫票庄或汇兑庄，是一种专门经营汇兑业务的金融机构。关于票号的产生，说法不一，多数学者认为，是在清代产生的。主要原因是由于社会商品经济的发展对货币金融提出了新的要求，运现已不适应货币交割需要。

■ 杀虎口

民涌入走西口的大潮。在当时，山西人很贫穷，其穷困的原因是因为山西的自然条件恶劣。

清朝时山西一个读书人，在谈到山西时曾痛心疾首地说：

无平地沃土之饶，无水泉灌溉之益，无舟车渔米之利，乡民唯以垦种上岭下坂，汗牛痛仆，仰天续命。

"汗牛痛仆"的意思就是说牛已经累得浑身大汗了，主人仍要使劲抽赶。

在传统社会中，耕牛对于农民来说，不仅是家里最值钱的家当，还是他们劳作的伙伴。不到万不得已，轻易不会这样拼命使唤。但是，即使拼命地干，田里产出的粮食仍不够糊口。

山西不但是土地贫瘠，而且自然灾害频繁。在清朝200多年的时间里，山西全省的灾害就达100多次，平均3年一次，其中最长的一次旱灾长达11年。

据官方统计，死于这

■ 杀虎口遗址

次灾荒的山西人超过了300万。与其眼睁睁挨饿坐以待毙，不如走出去，也许能闯出一条活路。于是便有了山西人走西口。

山西人不去其他地方，而是选择走西口，有其历史原因。当时，这一带来往的客商很多，最终促进了这个地方一度的商业繁荣。

一部分人走西口，就是为了适应这种要求，到口外发展商业，发展贸易，以至于后来票号的建立。所以，西口之外的异地他乡，反倒成了晋商的发祥地。

西口特指山西右玉县与内蒙古交界处的杀虎口，明朝时称"杀胡口"，清代改名为"杀虎口"并沿用至今。因为杀虎口位于长城的另一要塞张家口以西，所以就有了"东有张家口，西有杀虎口"的说法。

山西土地贫瘠，十年九旱，流民到内蒙古河套一带谋生，大都走杀虎口这条路径，方位是由东往西，这也是杀虎口成为"西口"的一个重要依据。当然，

长城 我国古代在不同时期为抵御塞北游牧部落联盟侵袭而修筑的规模浩大的军事工程的统称。长城东西绵延上万华里，因此又称作万里长城。长城建筑于春秋战国时代，现存的长城遗迹主要是明长城，总长为8800多千米。长城是我国古代劳动人民创造的伟大奇迹，被列为中古世界七大奇迹之一。

■ 惜别故乡场景

"西口"亦有广义的理解，它泛指通往塞外草原的长城诸关卡要隘，此种观点似乎更为民间所认同。

西口还有旱西口、水西口之分。杀虎口等长城关隘是旱西口，而地处晋陕内蒙古交汇处的山西河曲，是走西口的水路码头，故称水西口，河曲至今仍保留着"西口古渡"这一历史遗迹。

走西口的路上充满了血泪与艰辛。山西人在民歌里凄惨地唱道："自古那个黄河向东流，什么人留下个走西口？"

这无疑是当年走西口人们的哀怨心声。他们为了谋生，不得不背井离乡，泪别父母妻儿，远走异地过着孤苦艰辛的日子，更有留在家乡的父母妻儿，难免心中充满悲伤。

当时，因走西口在内蒙古定居的河曲人就达20万之多。就这样，一代又一代的山西人走西口，走出了一部苦难史，也走出了一批历经磨炼而精明强干的晋商来。

如乔家大院的主人，在鼎盛时期一度垄断了包头的一切贸易经营活动。而乔家由寒酸贫困通往大财大富的发展道路，就是由先祖乔贵发走西口开始的。

辛酸的闯荡过程，生死贫富不同的结局，写就了黄河人放下一切走西口的历史，也写下了黄河儿女对命运不屈不挠的勇敢抗争。

另一次规模庞大的人口大迁徙，便是闯关东。

关东是指以吉林、辽宁、黑龙江等地为主的东北地区，因这一地区处在山海关以东，故名。

清代前期东北三省是设禁的，前往关东要"闯"，因为那是越轨犯禁的行为。"闯关东"的流民，以山东、河北、河南、山西和陕西人为多，又以山东人为最。

"闯关东"被世人视为"人类有史以来最大的人口移动之一"，是"全部近代史上一件空前的壮举"。"闯关东"浪潮持续了数百年，是有其深刻的历史渊源的。

乔家大院 位于山西省祁县乔家堡村，又名"在中堂"，是清代著名的商业金融资本家乔致庸的宅第。始建于清代乾隆年间，以后曾有两次增修，一次扩建，经过几代人的不断努力，建成一座宏伟的建筑群体，并集中体现了清代北方民居的独特风格。

■ 闯关东雕塑

■ 闯关东雕塑

"安土重迁"是我国农民的特性，山东作为孔孟之乡，这种特性更是根深蒂固。可是山东人不顾一切"闯关东"之举，原因有很多，其中主要有两点：

一是人口压力。山东地少人稠，人满为患，自清代中叶以来日渐严重，"农村人口过剩，不待凶年，遂有离乡觅食，漂流各处，山东地狭民稠，其例尤著"。

山东农民经营的面积过小、分割过小的土地，为促进农民离村的根本原因之一。显然，"人口压力流动律"在山东农民"闯关东"流向中发挥着持久的作用。

另一个缘由是天灾人祸。铜瓦厢以上的河道因溯源冲刷，河床下降。在黄河改道初期，黄河决溢多发生在山东境内。

据统计，山东在清代268年历史中，曾出现旱灾233次，涝灾245次，黄河、运河洪灾127次，潮灾45次。除仅有2年无灾外，每年都有程度不等的水旱灾害。这种灾害的多发性和严重性令人震惊。

而关东，地广人稀，沃野千里，对流民来说，具有强大的吸引力。且关东、山东比邻，或徒步，或泛海，均极便利，"闯关东"自然是山东流民的首选。

1860年，山海关的大门敞开了，流民如怒潮一般拥到关东。他们通过海路、陆路，经历了千辛万苦，来到关东，垦荒种地。

据资料记载，当时77%的流民流向关东后志在农业。流民大量流向关东，推动了关东地区工商业的发展和城市化进程，也把先进的黄河文化带到了关东。

随着关东的开放，工商业也发展起来，城市化进程加快，流民无论是务工还是经商，都比较容易谋到营生的职业，这对流民同样具有吸引力。

"东三省，钱没腰"，这句广为流传的口头禅，

■ 闯关东雕塑

使人相信关东有着无限的谋生机遇。只要有"闯"的精神，不愁没有碗饭吃。

"闯关东"之风由来已久，这种"由来已久"，使"闯关东"逐渐演变成为具有"山东特色"的地区文化传统。

流民如潮水般拥向关东，无论他们务农、务工经商，还是伐木筑路，都为关东的开发做出了不可磨灭的贡献。

关东地广人稀，"闯关东"浪潮不仅使关东地区"人稀"的面貌得到改观，与全国人口分布趋于平衡，而且使肥沃的黑土地得到开发，耕地面积处于不断增长之中。

工商业的发展和城市化进程的加快，反过来成为吸引流民的条件，互为因果的关系是显而易见的。"闯关东"浪潮，有力地促进了民族间的文化交流与融合。这样，一种脱胎于中原文化和关东文化的新型区域文化——新型关东文化逐渐形成。

欣逢盛世，走西口、闯关东的历史已经一去不复返了，但走西口、闯关东的文化内涵却传承了下来，那就是不屈不挠、艰苦创业的民族精神，是激励后人奋发图强的一笔宝贵的精神财富。

阅读链接

过去，在胶东有些地区，几乎村村、家家都有"闯关东"的人，甚至村里青年人不去关东闯一闯就被乡人视为没出息。"闯关东"作为一种社会生活习俗而被广泛接受，这不能不说是一种文化现象了。

"闯关东"持久而普遍，意味着血缘、地缘关系的延伸和社会关系的扩大。

关东是山东人的第二故乡，那里有他们的父老乡亲。一旦生活发生困难或遭遇天灾人祸，山东人便首先想到"闯关东"，投亲觅友，以求接济。